Inhaltsverzeichnis

Einleitung

Wir glauben zu wissen, warum Sie dieses Buch ausgesucht haben. Sie möchten die Sprache Ihres Mannes verstehen und sprechen lernen. Sie möchten mit Ihrem Mann reden, und Sie möchten, dass er mit Ihnen spricht.

Stellen Sie sich vor, Sie reisen auf eine ferne Insel. Dort angekommen, möchten Sie sich gerne mit den Einwohnern unterhalten. Sie haben also die Wahl zwischen zwei Möglichkeiten: Entweder Sie lernen die fremde Sprache oder Sie engagieren einen Übersetzer. Lächeln, wildes Gestikulieren und ausdrucksstarke Mimik helfen bei der Kommunikation bis zu einem gewissen Punkt, aber wenn Sie eine tiefe, bleibende Beziehung zu einem Menschen aufbauen wollen, dann müssen Sie seine Sprache lernen.

Dasselbe gilt auch in der Ehe. Als Sie Ihren Mann geheiratet haben, haben Sie sich nicht nur dazu entschieden, ein fremdes Land zu besuchen, sondern auch dort zu leben – bis dass der Tod Sie scheidet! Sie waren wahrscheinlich davon überzeugt, dass wenigstens einer auf dieser Insel Ihre Sprache spricht – nämlich Ihr Ehemann. Aber Sie haben sicher bald herausgefunden, dass Sie sich geirrt haben! Er spricht nicht nur nicht Ihre Sprache, sondern er hat nicht einmal die leiseste Ahnung von den Grundlagen Ihrer Sprache. Gefühle und Fürsorge scheinen Fremdworte zu sein. Ganz zu schweigen von der „Alltagskommunikation" über die Art, Auto zu fahren, den Müll rauszutragen oder nasse Objekte auf einem Holzfußboden abzustellen.

Das Problem ist, dass Männer nicht weiblich reden! Und weil sie das nicht tun, haben Sie als Frau dieselben Möglichkeiten wie der Fernreisende: Engagieren Sie einen Übersetzer, das klingt in unseren Ohren nicht unbedingt verlockend, oder lernen Sie die Sprache Ihres Ehemannes. In diesem Buch geht es um Letzteres. Es soll Ihnen helfen, die Sprache Ihres Ehemannes fließend sprechen zu lernen, damit Ihre Kommunikation mit ihm erfrischt und belebt wird.

Wir haben Hunderte von Männern befragt, und 80 Prozent davon sagten, dass sie gerne mit ihren Frauen reden möchten. Wir nehmen an, die anderen 20 Prozent waren in Gedanken noch beim Fußballspiel des letzten Abends! Wir fragten diese Männer, warum sie so schweigsam sind. Ihre Beobachtungen und die Anmerkungen, die wir dazu in diesem Buch festgehalten haben, werden Ihnen hoffentlich helfen, das Schweigen in Ihrer Ehe zu durchbrechen.

Sie werden verstehen lernen, warum Männer die Dinge tun, die sie tun, und warum sie es lieben, die Probleme ihrer Frauen zu lösen. Sie werden anfangen, die Welt mit den Augen Ihres Mannes zu sehen, und Sie lernen dadurch auch Interessantes über sich selbst. Es gibt ein Kapitel darüber, wie man sich ein dickeres Fell zulegen kann, eines, bei dem es um den Hauptgrund geht, warum Männer nicht mit ihren Frauen reden – weil Letztere oft überzogen auf das reagieren, was gesagt wird.

Vielleicht drängen Sie Ihren Ehemann oft damit in eine Ecke, dass sie ihm das Gefühl vermitteln, das Falsche zu sagen oder die Dinge zur falschen Zeit zu sagen. Dieses Buch kann Ihnen einen Weg zeigen, damit aufzuhören. Es könnte auch dazu führen, dass Ihr Mann Sie in einem neuen Licht sieht, wenn Sie anfangen, die Prinzipien dieses Buches in die Tat umzusetzen. Er wird begeistert sein, wenn er merkt, dass er langsam verstanden wird.

Was für eine Erleichterung ist das für einen Mann. Was für eine Erleichterung ist es, mit einer Frau verheiratet zu sein, die seine Sprache spricht.

In diesem Buch geht es nicht um Manipulation. Und es geht auch nicht darum, Ihren Mann dazu zu bringen, bestimmte Dinge zu tun. In diesem Buch geht es eigentlich um Sie. Sie können das Verhalten eines anderen Menschen nicht ändern, aber Sie können Ihr eigenes Verhalten ändern. Es ist interessant zu beobachten, was passiert, wenn man das tut. Denn oft löst eine Veränderung in unserem Verhalten eine Veränderung im Verhalten unseres Gegenübers aus, die sonst nicht möglich gewesen wäre. Doch noch einmal, darum geht es in diesem Buch nicht. Es geht darum, was Sie tun, sagen, denken und verändern können, damit bei Ihnen zu Hause eine offene Atmosphäre herrscht, die echte Kommunikation möglich macht. Wenn Sie das tun, werden Sie entdecken, dass Sie einen Frieden finden können, der vorher noch nicht da war, unabhängig davon, ob Ihr Ehemann auf die Veränderungen reagiert oder nicht.

Während Sie lesen, sollten Sie immer daran denken, dass wir oft stark verallgemeinern müssen. Jeder Mensch ist anders und einzigartig, und nicht jede Aussage gilt für jeden.

Wenn Sie sich das Inhaltsverzeichnis anschauen, dann bekommen Sie einen guten Überblick über die Themen, die wir behandeln. Lassen Sie sich von der Menge nicht überwältigen oder entmutigen. Sie können dieses Buch an jeder beliebigen Stelle aufschlagen und ein oder zwei Tipps aus dem jeweiligen Kapitel mitnehmen. Wenden Sie die Tipps an, und ermutigen Sie damit Ihren Mann, mit Ihnen zu reden.

Sind Sie bereit, sich zu verändern? Sind Sie bereit dazu, die Sprache Ihres Mannes zu lernen? Sind Sie bereit dazu, dass Ihr Mann mit Ihnen spricht?

Teil 1

Über ihn

Warum ist er nicht so wie ich?

Was ist ein Ehemann?
Er ist der, der mit einer Berührung
das Sternenlicht und den Glanz
vergangener Jahre zurückbringen kann ...
Er denkt jedenfalls, dass er das kann –
enttäuschen Sie ihn nicht.
Alan Beck

Eine Frau wird euphorisch, wenn sie den Mann ihrer Träume trifft. Sie ruft aus: „Er ist so anders als alle, die ich bisher getroffen habe."

In ihren Gedanken zählt sie alle positiven Merkmale seiner Persönlichkeit auf. Sie ist überzeugt davon, dass sie ohne ihn nicht mehr leben kann. Sie denkt unaufhörlich an ihn und lebt für die Stunden, in denen sie zusammen sind.

Wenn dann der Hochzeitstermin näher rückt, erklärt sie immer noch mit einem leicht verzückten Blick, dass er alles für sie tun würde. Sie liebt es, dass er ehrlich seine Meinung sagt, und findet es süß, dass er ab und zu im Kino einnickt. Und dabei macht er auch noch dieses süße summend-schnarchende Geräusch einer Biene.

Aber irgendetwas Seltsames scheint in dem Moment zu passieren, in dem die Braut ihren Schleier lüftet. Es dauert nicht lange, und sie verbringt viel Zeit damit, ihren frischgebackenen Ehemann erneut und sehr gründlich unter die Lupe zu nehmen. Dieser entzückende

Laut einer summenden Biene ist jetzt eher nervig, genauso wie seine Angewohnheit, ihr zu sagen, was er über ihre kleinen Eigenheiten denkt.

Merkt er überhaupt, dass immer noch kleine Härchen im Waschbecken liegen, wenn er nach dem Rasieren das Bad verlässt? Glaubt er wirklich, dass sich Toilettenpapierrollen automatisch wieder auffüllen? Was hat er für eine Vorstellung davon, wie das Geschirr zurück in den Schrank kommt?

Dann kommt bei ihr langsam der Gedanke auf, dass er wirklich ganz anders ist als alle, die sie bisher getroffen hat. Aber diesmal ist ihr Blick nicht verklärt, wenn sie daran denkt ...

Im ersten Teil dieses Buches sollen noch einmal ganz deutlich die Unterschiede zwischen Männern und Frauen aufgezeigt werden. Lernen Sie Ihren Mann dadurch neu kennen und verstehen.

1. Männer zeigen ihre Liebe durch das, was sie tun

Einer der grundlegendsten Unterschiede zwischen Mann und Frau ist die Art und Weise, wie sie ihre Liebe zeigen. Männer sind zielorientiert und zeigen ihre Liebe durch das, was sie tun, während Frauen eher beziehungsorientiert sind und ihre Liebe durch ihr Wesen ausdrücken.

Eine Frau sagt: „Ich liebe dich", indem sie den anderen berührt, streichelt, in den Arm nimmt oder mit ihm redet.

Ein Mann dagegen zeigt seine Liebe dadurch, dass er zum Beispiel zur Arbeit geht und den Lebensunterhalt verdient.

Wenn eine Frau an Liebe denkt, dann denkt sie an Sonnenuntergänge und romantische Abendessen. Wenn ein Mann an Liebe denkt, dann denkt er daran, dass er genug Geld nach Hause bringt, um seine Familie gut zu versorgen.

Eine Frau möchte im Sturm erobert werden, während er denkt, dass er genau das tut, wenn er nach einem Sturm die Schäden am Haus repariert.

Frauen fühlen. Männer handeln.

Wir schlagen uns immer wieder mit diesem Thema herum. „Warum kannst du mir nicht zeigen, dass du mich liebst? Ich will es *fühlen*", sagen wir.

Und unsere Ehemänner antworten darauf: „Was soll ich *tun*, damit du dich geliebt fühlst?"

Unzählige Artikel und Bücher sind über diese grundlegenden Unterschiede geschrieben worden, doch erst wenn wir anfangen, diese Unterschiede ernst zu nehmen, bemerken wir die Art und Weise, wie unsere Männer uns ihre Liebe zeigen.

Bevor ich (Connie) all das gelernt hatte, war das folgende Gespräch zwischen mir und meinem Mann durchaus normal: „Ich brauche es so sehr, mich von dir geliebt zu fühlen", sagte ich. Mein Mann antwortete darauf normalerweise: „Ich weiß nicht, wie ich das machen soll, wenn ich es bisher noch nicht geschafft habe."

„Das ist doch gar nicht so schwer", schoss ich meistens zurück.

Irgendwann endete unser Gespräch dann mit einem erschöpften Mann, der sagte: „Außer dass du dich von mir geliebt fühlen willst, was kann ich denn sonst noch *tun*?"

Was sonst noch? Was gab es da noch anderes? Nichts – jedenfalls was mich betraf. Ich weiß jetzt, dass er all die Jahre versucht hat, mir genau das zu geben, was ich wollte. Er tat es nur in der Männersprache.

Akzeptieren Sie die Tatsache, dass Ihr Mann Liebe anders zeigt, und fangen Sie an, diese Unterschiede wertzuschätzen. Versuchen Sie, die ihm eigenen und einzigartigen Wege zu erkunden, auf denen er Ihnen seine Liebe zeigt. Höchstwahrscheinlich *tut* er etwas für Sie.

Ich (Connie) habe zum Beispiel gelernt, dass mein Mann mir seine Liebe dadurch zeigt, dass er mich in allem unterstützt, was ich mir an Projekten vornehme, dass er hart arbeitet, um unseren Lebensunterhalt zu verdienen, dass er schnell vergibt und mich niemals dazu drängt, etwas zu tun, was ich nicht will. Zum Beispiel koche ich nicht gern, und er hält mir das nie vor. Er isst alles mit Genuss, was ich ihm zubereite. Normalerweise sind es nur einfache Gerichte, und doch freut er sich darüber, dass ich sie für ihn koche.

Die Liebessprache meines (Nancys) Ehemannes ist nur sehr selten verbal. Er ist auch nicht der große Händchenhalter. Wenn es jedoch um Dinge geht, die er für mich tun kann, dann spricht er mir gegenüber eine deutliche Liebessprache. Wenn er einen Tag frei hat und ich arbeiten muss, dann putzt er oft das Haus und das Abendessen steht auf dem Tisch, wenn ich nach Hause komme. Er ruft mich jeden Tag an der Arbeit an, um zu fragen, ob ich noch etwas aus dem Supermarkt brauche. Wenn er weiß, dass ich ein Projekt bald zu Ende bringen muss, dann ist er dazu bereit, Erledigungen für mich zu machen oder den Haushalt für die nächste Zeit zu übernehmen. Ich habe gelernt, dass ich nicht unbedingt seine Worte brauche, wenn sein Tun mir zeigt, dass er mich liebt.

Wenn Sie das, was Ihr Mann für Sie tut, als Liebesbeweis akzeptieren und verstehen, dann ermöglichen Sie ihm den ungewöhnlichen Luxus, er selbst sein zu dürfen.

Männer zeigen ihre Liebe durch ihr Tun. Sie sind eher handlungsorientiert als gefühlsorientiert.

2. Männer rechnen nicht immer mit dem Schlimmsten

Männer zeigen ihre Liebe nicht dadurch, dass sie sich große Sorgen um jemanden machen oder ihn bemuttern, so wie Frauen das tun. Sie sind viel zu beschäftigt damit, den Rasen zu mähen, das Scheibenwischwasser im Auto nachzufüllen oder den Rollladen zu reparieren.

Männer laufen nicht rastlos auf und ab und überlegen, ob es ihren Lieben wohl gut geht, wenn sie bei strömendem Regen dringend irgendwohin müssen. Es gibt nichts, was sie gegen den Regen tun könnten, warum sollten sie sich also sorgen? Frauen dagegen sorgen sich so lange, bis entweder der Regen aufhört oder ihre Lieben sicher an ihrem Bestimmungsort eingetroffen sind.

Vor einigen Jahren fuhr eine gute Freundin von uns mit ihren Kindern zu den Großeltern. Auf dem Rückweg gerieten sie in einen Schneesturm. Die Autofahrt wurde immer gefährlicher und sie überlegte hin und her, ob sie wirklich weiterfahren sollte. Sie entschied sich für die Weiterfahrt. Kilometer für Kilometer kroch das Auto auf der verschneiten Straße Richtung Heimat. Unsere Freundin war völlig fertig, als sie endlich zu Hause in die Einfahrt einbog.

Sie stieg aus und rannte ins Haus, um ihrem Mann zu sagen, dass sie und die Kinder wieder sicher zu Hause waren. Sie fand ihn schließlich im Schlafzimmer vor dem Fernseher.

„Schatz, wir sind wieder da!“, rief sie aus.

„Das freut mich“, antwortete er, nahm sie in den Arm und begrüßte dann auch die Kinder.

Er fragte sie, wie das Wochenende gewesen war und ob die Kinder Spaß bei den Großeltern gehabt hatten. Sie war völlig verblüfft. Sicher würde er ihr gleich sagen, dass er sich Sorgen gemacht hatte und dass sie sehr mutig gewesen war, trotz des Schneesturms nach Hause zu fahren. Doch es kam nichts.

Schließlich fragte sie ihn: „Hast du dir denn keine Sorgen gemacht?"

„Nein", antwortete er. „Du handelst immer sehr überlegt. Wenn die Straßen zu unsicher gewesen wären, dann hättest du angehalten – davon bin ich überzeugt. Ich vertraue deinem Urteil voll und ganz."

Irgendwie war sie über seine Antwort enttäuscht. Sie wünschte sich plötzlich, dass sie nicht immer so vernünftig handeln würde. Offenbar hatte ihr Mann die letzten Stunden nicht am Fenster verbracht, immer in der Hoffnung, dass das Auto nun wohl bald in Sichtweite käme. Er war scheinbar nicht im Zimmer auf und ab gegangen und hatte nicht ständig den Verkehrsfunk gehört, um zu erfahren, wie die Straßenverhältnisse waren. Sich sorgen? Warum?

Dies bedeutet nicht, dass er sie nicht liebt. Diese Situation macht nur deutlich, dass er seine Liebe anders zeigt, als sie es in derselben Situation tun würde.

> Erwarten Sie nicht, dass Ihre Katze bellt, Ihr Vogel wiehert oder Ihr Mann sich Sorgen macht.

3. Seine Persönlichkeit ist anders als Ihre

Warum passiert es so oft, dass Frauen nach der Hochzeit die Persönlichkeit ihrer Ehemänner so genau unter die Lupe nehmen? Und warum kommen sie nach einer gründlichen Prüfung zu dem Schluss, dass an der Persönlichkeit ihrer Männer etwas nicht stimmt?

Wir beide haben diesen Fehler auch gemacht. Uns fiel auf, dass wir zu der Liebe, die wir am Anfang unserer Ehe für unsere Männer empfunden hatten, wieder zurückfinden mussten. Ein Weg dorthin war, dass wir uns auf die positiven Eigenschaften unserer Männer konzentrierten. Wir konzentrieren uns darauf, was uns am Anfang so an ihnen fasziniert hatte.

Mein (Nancys) Ehemann ist direkt, ehrlich und redet nicht um den heißen Brei herum. Als wir uns kennenlernten, mochte ich diese Eigenschaft sofort, denn ich halte mit meiner Meinung oft hinterm Berg – manchmal so sehr, dass andere nicht wissen, was ich wirklich will. Das kann einem bei meinem Mann nicht passieren. Kurz nach unserer Hochzeit stieß mir diese Eigenschaft jedoch negativ auf, und ich nahm mir vor, diese kleine, störende Verhaltensweise zu ändern.

Doch nach einigen Jahren fand ich dann heraus, dass es keineswegs nur eine „kleine, störende Verhaltensweise" war, sondern Teil seiner Persönlichkeit. Was mir am Anfang als ein toller Charakterzug erschien, betrachtete ich nun als einen Stachel im Fleisch.

So etwas passiert oft in Ehen. Was man am Anfang noch als großzügig beschrieb, wird zur Verschwendung. Was man früher als umsichtig ansah, ist jetzt vielleicht knauserig. Vielleicht liebten Sie seine Genauigkeit während Ihrer ersten Verabredung, aber mittlerweile erscheint ihr Mann Ihnen eher zwanghaft und stur.

Ich (Connie) liebte es, dass mein Mann bei allem, was er tat, nach Perfektion strebte. Wenn er Ski fuhr, dann mussten es die schwarzen Pisten sein. Wenn er studierte, dann war er nur mit den besten Noten zufrieden. Wenn er schwimmen gehen wollte, dann mindestens zwanzig Kilometer. Weil ich viel relaxter an das Leben herangehe, fand ich seine Art erstaunlich und liebte diesen Charakterzug. Dann heirateten wir, und ich war damit stillschweigend und ohne Zustimmung in seinen Perfektionsklub aufgenommen.

Kurz nach unserer Hochzeit zum Beispiel fragte er mich: „Was willst du aus deinem Leben machen?"

Ich wusste nicht so genau, was er damit meinte, und so antwortete ich: „Es einfach leben, denke ich."

„Was noch?", fragte er.

Was noch? Das wusste ich nicht. „Ich dachte, ich arbeite, bis wir Kinder bekommen." Das hörte sich für mich nach einer guten Antwort an.

„Dann lass uns doch mal über deine Karriere sprechen. Was möchtest du denn in deinem Beruf erreichen?"

Was wollte ich erreichen? Ich war Beschäftigungstherapeutin, und ich hatte bisher gedacht, dass alles ganz gut lief. Mein Job war herausfordernd und ich verdiente genug Geld zum Leben.

„Willst du vielleicht ein Buch über innovative Therapie schreiben?", schlug er vor.

„Nein, eigentlich nicht."

„Oder möchtest du vielleicht nebenbei noch etwas Forschung betreiben?"

„Ganz sicher nicht. Ich bin kein Forschungstyp."

„Willst du vielleicht eine ganz neue Schiene entwickeln?", bot er an.

„Nein, das ist auch nicht mein Ding."

„Willst du damit sagen, dass deine Gedanken nicht ständig um Ideen für neue Bereiche kreisen, die noch nicht näher beleuchtet worden sind?"

„Ja", antwortet ich. „Kein Gekreise."

„Was dann? Du willst doch sicher nicht einfach eine normale Therapeutin bleiben?"

Ich war als „normale Therapeutin" so glücklich wie ein Fisch im Wasser. Plötzlich erschien mir sein Streben nach Perfektion gar nicht mehr so spaßig, denn nun war ich ein Teil davon. Es dauerte Jahre, bis wir unsere Verschiedenheit in diesem Bereich schätzen konnten.

Es gibt einen einfachen Weg, wie Sie Ihre eigenen Charaktereigenschaften und die Ihres Mannes identifizieren können. Es gibt verschiedene Menschentypen, die im Folgenden näher erläutert werden.

Es gibt Menschen, die gerne die Führung übernehmen. Sie sind entschlossen, bestimmt, fest, unternehmungslustig und genießen Konkurrenzsituationen. Diese Menschen lieben die Herausforderung und sind mutig und entschlossen. Sie sind entscheidungsfreudig, leiten gerne, sind zielorientiert, selbstgenügsam und abenteuerlustig. Ihr Motto ist: „Lasst es uns gleich anpacken!"

Andere Menschen sind eher risikofreudig, visionär, motivierend und unterstützend. Sie sind außerdem sehr wortgewandt und sprühen vor Energie. Sie vermeiden Details, lieben das Vergnügen und die Vielfalt, genießen die Veränderung und sind sehr kreativ. Sie sind eher gruppenorientiert, sehr sozial und optimistisch. Ihr Motto ist: „Vertraue mir! Ich bekomme das schon hin!"

Dann gibt es noch Menschen, die besonnen, kontrolliert, eher reserviert, praktisch, ordentlich, beständig und sachlich sind. Außerdem sind sie detailliert, analytisch, abgrenzend, genau, neugierig, beharrlich und organisiert. Ihr Motto ist: „Wie wurde es denn bisher gemacht?"

Schließlich gibt es noch Menschen, die loyal, nicht fordernd und ausgeglichen sind. Sie neigen dazu, Konflikten aus dem Weg zu gehen, mögen die Routine, hassen die Veränderung, haben tiefe Beziehungen und sind anpassungsfähig, mitfühlend, nachdenklich, besorgt, geduldig, tolerant und gute Zuhörer. „Lasst uns die Dinge so lassen, wie sie sind", ist ihr Motto.

Vielleicht haben Sie gemerkt, dass jeder Persönlichkeitstyp seine eigenen Stärken und Schwächen hat. Bemühen Sie sich, die Stärken Ihres Mannes immer wieder herauszustellen und sich nicht auf seine Schwächen zu konzentrieren. Viele Unterschiede werden im Laufe der Zeit schwächer.

Vielleicht hilft es Ihnen, daraus eine tägliche Übung zu machen. Malen Sie sich die Qualitäten Ihres Mannes vor Augen, die Sie am Anfang besonders angezogen und fasziniert haben. Wahrscheinlich sehen Sie dann schon bald Ihren Mann mit ganz anderen Augen, da Sie immer wieder positiv über ihn nachdenken. Vielleicht erwacht dadurch sogar Ihre Liebe für ihn oder für bestimmte Merkmale von ihm neu.

> Werfen Sie einen frischen Blick auf die Persönlichkeit Ihres Mannes.

4. Männer lösen gern die Probleme

Da Männer zielorientiert sind, lösen sie gern die Probleme. Besonders mögen sie es, wenn sie Lösungen für die Probleme ihrer Frauen finden können. Für einen Mann hat es keinen Sinn, einfach nur über ein Problem zu reden. Aber eine Lösung dafür zu finden, das ist eine sinnvolle Aufgabe. Männer reden normalerweise nicht einfach um des Redens willen. Sie reden dann, wenn sie sich über eine bestimmte Sache den Kopf zerbrechen oder wenn es ein bestimmtes Problem gibt, das nach einer Lösung verlangt. Frauen dagegen vertiefen ihre Beziehungen durch Gespräche. Ihre Freundschaften wachsen dadurch, dass man sich Zeit füreinander nimmt. Durch Reden und Zuhören lernen sie sich besser kennen.

Für eine Frau muss ein Problem nicht gelöst sein, um ihr das Gefühl zu vermitteln, dass sie vorangekommen ist – einfach nur gehört zu werden ist schon ein Fortschritt. Das reicht einem Mann nicht, und dieser Unterschied kann eine Frau verrückt machen. Dennoch ist es einer der Wege, wie ein Mann seine Liebe zeigt. Wenn Sie das verstehen lernen, dann ist es fast rührend, zu sehen, wie er versucht, Ihnen auf seine Weise zu helfen. Denn das ist seine Intention – er will Ihnen helfen.

Vor einiger Zeit machte sich eine gute Freundin große Mühe mit einem besonderen Abendessen für ihre Familie. Wegen eines unvorhergesehenen Telefonanrufs musste sie Hals über Kopf weg und vergaß das Fleisch im Ofen. Es verbrannte.

Sie war schrecklich enttäuscht, weil sie so viel Zeit in dieses Essen gesteckt und mehr Geld als sonst in das Fleisch investiert hatte. Ihr Mann kam zur Tür herein und fragte, was das für ein komischer Geruch im Haus sei.

„Ich habe das Fleisch anbrennen lassen", erklärte sie ihm niedergeschlagen und erzählte ihm mit knappen Worten, was passiert war.

„Entweder solltest du die automatische Zeitschaltuhr am Ofen benutzen, oder du darfst das Haus nicht mehr verlassen, wenn du Fleisch im Ofen hast", sagte er. „Wo ist die Bedienungsanleitung? Ich kann dir das gleich jetzt am Ofen zeigen."

Der Ofen hatte keine Zeitschaltuhr, und sie wollte seine hilfreichen Ratschläge jetzt eigentlich auch gar nicht hören. Alles, was sie brauchte, war etwas Mitgefühl. Doch Männern fällt gerade das sehr schwer. Sie sind besser darin, Probleme zu lösen.

Wenn Sie möchten, dass Ihr Mann Ihnen zuhört, ohne Ihnen gleich eine Lösung zu präsentieren, dann könnten Sie vielleicht Folgendes sagen: „Mein lieber, toller Ehemann, könntest du mir einen großen Gefallen tun? Ich muss unbedingt mit jemandem reden. Würdest du mir zuhören? Ich brauche keine Lösung für ein Problem oder einen Ratschlag. Ich möchte nur, dass du mir zuhörst. Du musst auch nichts sagen; es reicht mir völlig, wenn du ab und zu mit dem

Kopf nickst oder meine Hand drückst. Würdest du das für mich tun?"

Da er nun von Anfang an weiß, dass seine Problemlösungsfähigkeiten nicht gebraucht werden, kann er diesen Bereich seines Gehirns ausblenden und Ihnen einfach zuhören. Sicher, er hört wahrscheinlich nicht so aktiv zu, wie Sie es sich vielleicht wünschen, aber er hört Ihnen zu. Er kann sich vermutlich kaum vorstellen, warum Sie seine wertvollen Lösungsvorschläge nicht wollen, aber da Sie ihm von Anfang an gesagt haben, dass Sie nur ein offenes Ohr brauchen, wird er sich daran halten.

Wenn er Ihnen zugehört hat, bedanken Sie sich bei ihm. Damit zeigen Sie ihm, wie wichtig Ihnen das Zuhören ist und dass er Ihnen damit wirklich geholfen hat. „Du bist ein guter Zuhörer! Danke, dass du mir deine Zeit geschenkt hast." Damit bestätigen Sie ihn in dem, was er getan hat, obwohl er sich wahrscheinlich nicht sicher ist, ob es überhaupt etwas gebracht hat. Aber Männer mögen es, wenn sie bestätigt werden. Und sie mögen es auch, wenn sie dazu beitragen können, dass es ihren Frauen besser geht.

Wenn Ihr Mann Ihren fröhlichen Gesichtsausdruck sieht und merkt, dass sich Ihre Laune verbessert hat, dann merkt er, dass es mit dem Zuhören doch mehr auf sich hat, als er bisher dachte!

> Wenn Ihr Mann versucht, Ihre Probleme zu lösen, dann heißt das eigentlich „Ich liebe dich".

5. Sie sprechen unterschiedliche Liebessprachen

Männer und Frauen sprechen nur selten dieselbe Liebessprache. Wenn Sie herausfinden, wie deutlich und auf welche Weise sich die Liebessprache Ihres Mannes von Ihrer eigenen unterscheidet, kann das einen großen Einfluss auf die Kommunikation in Ihrer Ehe haben. (Das Konzept von den fünf Sprachen der Liebe verdanken wir Gary Chapman.)

Man kann zwischen fünf verschiedenen Liebessprachen unterscheiden:

1. Lob und Anerkennung
2. Zweisamkeit – Zeit nur für dich
3. Geschenke, die von Herzen kommen
4. Hilfsbereitschaft
5. Zärtlichkeit

Wenn Sie nun die erste Liebessprache sprechen und Ihr Mann die fünfte, dann bekommen Sie früher oder später Probleme in Ihrer Kommunikation! Das emotionale Klima in Ihrer Ehe verändert sich, wenn Sie herausfinden, welche Liebessprache Ihr Mann spricht.

Ich (Connie) wusste von diesem Konzept über die Liebessprachen lange Zeit nichts, daher haben wir in unserer Ehe auch viele Jahre aneinander vorbeigeredet – mal ganz abgesehen von den langen Zeiten, in denen wir überhaupt nicht miteinander geredet haben.

Meine Liebessprache ist Lob und Anerkennung. Ich wünschte mir so, von meinem Mann zu hören, wie sehr er mich liebte. Ich träumte davon, dass er mir ins Ohr flüsterte, wie wundervoll er mich fand. Wenn wir abends im Bett lagen und kurz vor dem Einschlafen waren, dann nahm ich seine Hand und sagte ihm, wie sehr ich ihn liebte. Manchmal wunderte ich mich darüber, warum er diese Geste so selten erwiderte, deshalb fragte ich ihn eines Abends.

„Wenn ich versuche einzuschlafen, dann will ich doch nicht deine Hand halten", sagte er. Autsch! Das hat mich sehr verletzt, und ich empfand es auch als äußerst unsensibel. Doch mein Mann ist zielorientiert, und sein Ziel war es, einzuschlafen und nicht meine Hand zu halten. Darüber hinaus ist seine Liebessprache die Hilfsbereitschaft.

Ich könnte also seine Hand nehmen und ihm sagen, dass ich ihn liebe, bis ich 100 bin, aber das ist meine Liebessprache, die er nur schwer versteht. Ihm würde viel eher zeigen, wie sehr ich ihn liebe,

- wenn ich seine Sachen pünktlich aus der Reinigung abhole,
- wenn ich ihm immer frisches Obst hinstellen würde,
- wenn ich seine Hosen umnähen würde,
- wenn ich all meinen Kram aus seinem Auto räumen würde.

Mein (Nancys) Mann und ich haben ganz ähnliche Erfahrungen gemacht. Meine Liebessprache ist genauso wie Connies Lob und Anerkennung, aber das ist nicht die Liebessprache meines Mannes. Er hielt es nicht für nötig, mir zu sagen, dass er mich liebte. Er hatte es mir ja schon mindestens zweimal gesagt – bei unserer Verlobung und bei unserer Trauung. Er glaubte, das sei genug. Seiner Meinung nach hatten wir diesen Punkt ein für alle Mal geklärt.

Doch was ich brauchte, waren Worte, die mich seiner Liebe immer wieder vergewisserten. Da das nur selten geschah, versuchte ich ihm diese Worte aus der Nase zu ziehen. Oft übertrieb ich es, wenn ich ihm sagte, wie sehr ich ihn liebte, weil ich wohl dachte, dass ich damit doch die erhoffte Beteuerung aus ihm herauskitzeln könnte. In solchen Situationen fühlte er sich immer sehr unwohl. Egal, was ich tat, ich schaffte es nicht, den geheimen Knopf bei ihm zu finden, der ihn das sagen ließ, was ich brauchte. Für ihn war es einfach kein Problem – er empfand mein Bedürfnis danach übertrieben und unnötig. Er brauchte keine Liebesbeteuerungen, um sich meiner Liebe sicher zu sein, und konnte nicht verstehen, warum es mir nicht genauso ging.

Seine Liebessprache ist die Hilfsbereitschaft. Heute weiß ich, was für ihn „Ich liebe dich“ heißt:

- ein sauberes Haus,
- frisch gewaschene Wäsche, die schon wieder ordentlich im Schrank liegt,
- entspannte und nette gemeinsame Abende,
- gemeinsames Zeitunglesen am Morgen,
- ein neues Sweatshirt aus seinem Lieblingsladen.

Da ich die Liebessprache meines Mannes jetzt kenne und lerne, sie wertzuschätzen, versuche ich nicht mehr, ihn dazu zu bringen, „Ich liebe dich“ zu sagen.

Wenn Ihnen Ihr Mann häufig Geschenke macht, ohne dass es dafür einen besonderen Grund gibt, sind vielleicht Geschenke seine Liebessprache. Da sich Gegensätze ja bekanntlich anziehen, ist dies wahrscheinlich nicht Ihre Liebessprache. Wenn Sie zudem auch noch eher sparsam veranlagt sind, dann empfinden Sie seine Bemühungen vielleicht zusätzlich noch als Geldverschwendung. Vielleicht fällt Ihnen jetzt aber auch auf, dass er Ihnen damit eigentlich sagen will „Ich liebe dich"! Sie haben es bisher nur noch nicht gehört.

Beobachten Sie Ihren Mann einmal ganz genau und finden Sie heraus, was ihm das Gefühl gibt, geliebt zu werden. Egal, was Sie herausfinden, probieren Sie es aus. Reden Sie nicht darüber, sondern tun Sie es einfach. Und hüten Sie sich davor, eine Liste anzulegen, wer was für wen getan hat.

Vor Kurzem kam eine junge Frau zu uns. Sie wollte wissen, ob wir irgendwelche Vorschläge hätten, was sie mit ihrem Mann unternehmen könnte. Am Freitagnachmittag hatte sie geplant, ihn ein paar Stunden vor Dienstende von seinem Arbeitsplatz zu „entführen".

Wir fragten sie, was ihr Mann gerne unternimmt, und sie antwortete, dass er gerne ins Kino ginge. Also rieten wir ihr zu einem gemeinsamen Kinobesuch.

„Oh, nein!", gab sie zurück. „Dahin werde ich ihn sicher nicht entführen. Ich hasse es, ins Kino zu gehen."

Manchmal wollen wir doch lieber das tun, was uns selbst Spaß macht, als uns Gedanken darüber zu machen, was wohl unserem Mann gefallen könnte. Versuchen Sie beim nächsten Mal an ihn zu denken und daran, was ihm in einer bestimmten Situation sagt: „Ich liebe dich." Wahrscheinlich werden Sie überrascht sein, was dann passiert.

> Werden Sie zweisprachig – lernen Sie die Liebessprache Ihres Mannes genauso fließend zu sprechen wie Ihre eigene.

6. Männer hören anders zu als Frauen

Ganz ehrlich, das ist eine große Untertreibung! Als wir uns über das Thema Kommunikation in der Ehe Gedanken machten, ist uns etwas Wichtiges aufgefallen. Kommunikation in der Ehe kann nur gelingen, wenn man sich die unterschiedlichen Wege bewusst macht, wie Männer und Frauen zuhören.

Zum Beispiel zeigen die meisten Frauen durch ihre Mimik oder durch bestimmte bestätigende Worte, dass sie ganz Ohr sind. Sie sagen oft „hmhm", „ich verstehe", „wirklich?" oder ähnliche Dinge. Manchmal nicken sie mit dem Kopf oder schauen ihr Gegenüber mit großen Augen an, um ihm zu zeigen, dass sie ganz Ohr sind.

Wenn eine Frau ihrer Freundin erzählen würde, dass sie ein dreiköpfiges Monster auf dem Weg zum Supermarkt gesehen hat, dann würde die Freundin wahrscheinlich kurz aufschreien und dann sagen: „Echt? Bist du dir sicher? Was hast du gesehen?" Und sicher stünde auch ihr Mund weit offen.

Männer reagieren anders. Wenn eine Frau ihrem Ehemann dieselbe Geschichte berichtete, dann würde er wohl erst mal gar nichts sagen, sondern warten, bis sie zu Ende erzählt hätte. Ihm würde sicher nicht der Atem stocken, kein Schrei käme aus seiner Kehle, und sein Herzschlag würde sich nicht beschleunigen. Vielleicht sähe er eher etwas gelangweilt aus.

Männer reagieren normalerweise nicht mit bestätigenden Worten oder entsprechender Mimik.

Um sicherzugehen, dass Ihr Mann Ihnen zuhört, sollten Sie ihn vielleicht das nächste Mal um ein paar Minuten seiner Zeit bitten, bevor Sie anfangen zu reden. Sie könnten zum Beispiel sagen: „Mir ist heute etwas Witziges passiert. Soll ich es dir erzählen?" Bei einer solchen Frage hat Ihr Mann die Chance, „Nein" zu sagen oder „Ja, später".

Auch wenn er in Ihrer Nähe bleibt, dann ist das meist ein Anhaltspunkt dafür, dass er Ihnen zuhört. Eventuell setzt er sich auch und schaut Sie an, während Sie reden, doch sein Gesichtsausdruck wird sich wahrscheinlich nicht verändern – und doch hört er Ihnen zu.

Das führt uns zu einem weiteren Punkt. Männer wollen normalerweise nur die Fakten wissen. Im Gegensatz zu Frauen, die gerne auch die Details einer Geschichte hören, fehlt den meisten Männern dafür der Sinn. Sie mögen es lieber kurz und knackig und möchten nur das Wesentliche wissen.

Mein Mann und ich (Nancy) kamen am Anfang unserer Ehe oft in folgende Situation: Ich fing an, meinem Mann etwas zu erzählen, und er schaute mich nur kurz an und sagte: „Dauert es lange?“ Das brachte mich schier zur Verzweiflung. Mit dieser Frage verletzte er meine Gefühle, und ich machte immer sofort dicht. Mein Mann konnte gar nicht verstehen, warum ich dann so unglücklich war.

Mein (Connies) Mann reagierte ganz ähnlich. Er fragte oft: „Soll ich es mir bequem machen?“, wenn ich anfing, ihm etwas zu erzählen. Diese Frage fand ich unangebracht und unhöflich, und ich hörte meist mitten im Satz auf zu erzählen, um ihm das auch zu zeigen.

Keiner unserer Ehemänner wollte absichtlich unsere Gefühle verletzen. Sie wollen lediglich herausfinden, ob sie sich auf einen kurzen Sprint oder einen Marathon einstellen sollten.

Wir waren deshalb von den Fragen unserer Männer so verletzt, weil uns selbst nicht im Traum einfallen würde, sie so etwas zu fragen. Uns ist erst nach vielen Jahren aufgefallen, dass unsere Männer eigentlich nur an den Fakten interessiert waren. Wenn Ihr Mann auch so ist, dann lernen Sie, sich bei ihm auf die Fakten zu beschränken. Heben Sie sich die Details für Ihre Freundinnen auf.

Es gibt noch einen Punkt, den Sie über das männliche Zuhören wissen sollten. Obwohl Männer normalerweise eher eine Sache nach der anderen bearbeiten, werden sie beim Zuhören plötzlich multitaskingfähig.

Stellen Sie sich eine Frau vor, die ihrem Mann etwas erzählen möchte. Plötzlich steht er auf und geht in die Garage, offensichtlich auf der Suche nach einem bestimmten Werkzeug. Sie hebt ihre Stimme und fährt fort, und da taucht er auch schon wieder in der Küche auf, mit dem gesuchten Werkzeug in der Hand. Als sich ihre Geschichte dann so langsam auf den Höhepunkt zu bewegt, sieht sie, wie ihr Mann den Kühlschrank von der Wand rückt und dahinterschaut. Davon ist sie so fasziniert, dass sie den Faden verliert. Ihr Mann hat sich bereits hingekniet und sucht die lockere Schraube oder das verklemmte Teil. Langsam kommt sie nun zu dem aufregendsten Teil ihrer Geschichte, doch von ihrem Mann sieht sie nur noch die Füße. Für das tolle Ende ihrer Erzählung läuft sie zur Höchstform auf, aber auf der Rückseite des Kühlschranks bleibt es still. Sie wiederholt den Teil noch einmal, diesmal etwas lauter. Er steht auf, schiebt den Kühlschrank zurück an seinen Platz, reibt sich die Hände und lächelt seine Frau an. „Das ist schön, Liebling", sagt er dann. Sie ist sich nicht ganz sicher, ob er ihre Geschichte oder den reparierten Kühlschrank meint.

Es ist unsere unbewiesene Theorie, dass Männer besser zuhören können, wenn sie gleichzeitig etwas tun. Wenn Sie Ihren Mann in dieser kleinen Episode wiedererkannt haben, dann hat sich wahrscheinlich im Laufe der Jahre bei Ihnen Enttäuschung über sein Verhalten eingestellt. Wenn Sie Ihren Mann darauf aufmerksam machen, dann ist er sicher sprachlos. Er hat Ihnen schließlich zugehört und auch noch den Kühlschrank repariert, eine Sache, um die Sie ihn schon so oft gebeten haben.

Wir wollen Ihnen hier ein paar Hilfen geben, wie Sie mit einem Mann umgehen können, den wirklich nur die Fakten interessieren:

1. Versuchen Sie zu berücksichtigen, dass Männer bei den ersten Sätzen sehr genau zuhören und ihre Aufmerksamkeit später nachlässt. Sagen Sie das, was wichtig ist, am Anfang und lassen Sie es darauf beruhen. Heben Sie sich all die schönen Details für Ihre Freundinnen auf, die sich darüber genauso freuen wie Sie.
2. Wenn Sie über etwas reden wollen, wofür Sie etwas mehr Zeit brauchen, dann fragen Sie Ihren Mann, ob Sie vielleicht zusammen spazieren oder frühstücken gehen könnten.

Wenn Sie das Gefühl haben, Ihr Mann hört Ihnen gar nicht erst zu, dann hilft Ihnen vielleicht Folgendes:

1. Suchen Sie sich eine gute Zeit für ein Gespräch aus. Sie kennen seinen Tagesablauf – wenn er gerade das Haus verlassen will, eine wichtige Besprechung ansteht oder er bis zum Hals in Arbeit steckt, dann erwarten Sie nicht von ihm, dass er Ihnen zuhört. Wenn es in solchen Situationen aussieht, als höre er zu, dann ist er vielleicht nur höflich.

2. Wenn Sie schon längere Zeit keine tiefgehenden Gespräche mehr geführt haben, dann fangen Sie doch erst einmal mit kleineren Unterhaltungen an. Wählen Sie ein fröhliches Thema.
3. Überschütten Sie ihn nicht gleich beim Hereinkommen mit den schlechten Neuigkeiten des Tages. Warten Sie erst einmal eine halbe Stunde ab oder noch besser, warten Sie bis nach dem Essen.

In der Kürze liegt die Würze. Wenn Ihr Mann mehr hören möchte, als Sie ihm erzählt haben, wird er Sie schon fragen.

7. Er braucht Zeit zum Nachdenken

„Wie fandest du den Film?", fragte eine Freundin von uns ihren Mann.

„Kann ich dir nicht sagen", antwortete er. „Ich müsste ihn noch einmal sehen."

„Was hast du denn gedacht, als wir aus dem Kino kamen?", sagt sie darauf. „Dachtest du *Das war ein guter Film* oder *Das war Mist?*"

„Keins von beidem. Ich müsste ihn noch einmal sehen, um das zu entscheiden."

In diesem kurzen Gespräch wird ein weiterer, wichtiger Unterschied zwischen Männern und Frauen deutlich. Sie verarbeiten Dinge auf unterschiedliche Weise. Frauen denken und verarbeiten meist schon, während sie noch sprechen, und kommen dadurch auch schnell zu einem Fazit. Männer dagegen brauchen oft erst Zeit zum Nachdenken, um ein Fazit ziehen zu können. Es ist sehr wichtig, das zu berücksichtigen.

Es passiert häufig, dass eine Frau ihren Ehemann nach seiner Meinung zu einer bestimmten Sache fragt und er nicht sofort antwortet. Das liegt nicht daran, dass er es nicht will, sondern daran, dass er es nicht kann.

„Meinst du, wir sollten das Taschengeld der Kinder erhöhen?", könnte sie fragen.

Keine Antwort.

Sie wiederholt die Frage. „Was denkst du?"

„Ich denke noch darüber nach", sagt er dann endlich.

Einige Minuten später steht seine Antwort immer noch aus – in seinem Kopf beleuchtet er das Thema immer noch von allen Seiten. Sie selbst hat die Sache nun schon sechsmal durchdacht und hätte drei Vorschläge zu machen. Und er denkt immer noch nach.

Eine Freundin erzählte uns, dass sie viele Jahre gebraucht hatte, um das zu verstehen und zu akzeptieren. Ihr Mann arbeitete häufig mit einigen Leuten zusammen, die sie beide kannten. Nach jeder Sitzung bat sie ihn, ihr alles über das Treffen zu erzählen. Darauf antwortete er meist: „Ich muss erst noch etwas nachdenken, bevor ich darüber reden kann. Frag mich in ein paar Stunden noch mal." Sie fühlte sich durch seine Antwort zurückgewiesen und abgekanzelt. Warum konnte er ihr nicht sofort etwas erzählen?

Am Anfang ihrer Ehe drängte sie ihn nach einem solchen Gespräch immer weiter. Das führte aber nur zu Frustration seinerseits. Außerdem hatte er danach immer weniger Lust, ihr überhaupt noch etwas zu erzählen.

Sie war verletzt. Schließlich wollte sie ja gar keine tiefschürfenden Erkenntnisse oder eine umfassende Berichterstattung, nur ein paar Kleinigkeiten. Aber er ließ sich nicht darauf ein.

Schließlich machte sie sich über ihn lustig, ohne dass ihr bewusst war, was sie da eigentlich tat. Wenn sie heute zurückschaut, dann ist sie schockiert über ihr Verhalten von damals. Manchmal sagte sie: „Ich weiß, dass du heute eine Sitzung hattest. Vielleicht kannst du mir ja in den nächsten drei, vier Jahren etwas darüber erzählen, aber nur wenn es in deine Planung passt." Danach erzählte ihr Mann überhaupt nichts mehr.

Wenn Ihr Mann auch so ist, dann hören Sie auf, ihn zu bedrängen. Geben Sie ihm viel Zeit, um Dinge zu verarbeiten, und warten Sie darauf, bis er bereit ist darüber zu reden. Versuchen Sie, sich nicht frustrieren zu lassen. Wenn Sie seine Meinung zu einem bestimmten Thema brauchen, dann fragen Sie früh genug, damit Sie ihn nicht drängen müssen, sich zu entscheiden.

Eine Frage könnte ungefähr so aussehen: „Liebling, die Kinder haben in der zweiten Aprilwoche Osterferien. Ich hätte Lust, ein paar Tage wegzufahren. Denk mal darüber nach! Vielleicht können wir dann am Wochenende darüber reden."

Mit solchen Fragen fühlen Männer sich wohl. Es gibt ein Ziel, einen zeitlichen Rahmen und keinen Druck, sofort auf die Frage reagieren zu müssen. Sie haben Zeit, erst einmal nachzudenken.

Akzeptieren Sie, dass Ihr Mann anders zuhört und Dinge anders verarbeitet als Sie. Wenn Sie das nächste Mal vielleicht versucht sind, eine beißende Bemerkung zu machen oder einen abwertenden Kommentar, dann halten Sie Ihre Zunge im Zaum. Es zahlt sich auf Dauer aus.

Männer brauchen Zeit zum Nachdenken.

8. Was für Sie offensichtlich ist, ist es für ihn noch lange nicht

Männer und Frauen nehmen Dinge unterschiedlich wahr. Was für sie sonnenklar ist, ist es für ihn noch lange nicht. Sogar die sensibelsten Ehemänner sehen oft nicht, was für ihre Frauen offensichtlich ist. Warum? Wir glauben, dass Frauen einen intuitiven Sinn haben, den Männer so nicht besitzen. Es gibt natürlich Ausnahmen, und doch scheint dies auf die meisten Menschen zuzutreffen. Das heißt nicht, dass Frauen intelligenter sind oder ihren Männern überlegen; sie sind nur anders. Wenn man diesen Unterschied nicht beachtet, dann kann das ein emotional sehr beladenes Thema in einer Ehe werden.

Stellen Sie sich Folgendes vor. Sie und Ihr Mann gehen mit einem befreundeten Ehepaar essen. Ihnen fällt sofort auf, dass irgendetwas zwischen den beiden nicht stimmt.

Auf dem Weg nach Hause teilen Sie Ihrem Mann Ihre Beobachtung mit. Ihm ist nichts aufgefallen, und er hat auch nichts Unharmonisches gespürt. Deshalb sagt er Ihnen auch, dass Sie mit dieser

Beobachtung weit über das Ziel hinausgeschossen sind und zu viel in Kleinigkeiten hineinlesen. Doch Sie sind sich sicher, dass Sie recht haben. Plötzlich ist nicht nur die Beziehung des befreundeten Ehepaares gespannt, sondern auch Ihre.

Ein paar Tage später ruft Ihre Freundin an und erzählt Ihnen, dass es in der Ehe kriselt und ob Sie ihr vielleicht einen Seelsorger oder Therapeuten empfehlen könnten. Sie sind nicht überrascht und können es kaum abwarten, Ihrem Mann die Neuigkeit mitzuteilen. Warum? Nicht weil Sie sich wegen Ihrer Freunde solche Sorgen machen, sondern weil Sie Ihrem Mann zeigen wollen, dass Sie den richtigen Riecher hatten.

Tun Sie das lieber nicht! Natürlich können Sie mit ihm darüber reden, aber nicht mit diesem selbstgefälligen Unterton, der sagt: „Ich habe es dir doch gleich gesagt.“ Es ist oft schwer, diesen Ton zu vermeiden. Denken Sie daran: Was für Sie auf der Hand liegt, ist für ihn nicht so offensichtlich.

Ein Freund erzählte uns, dass seine Frau eines Tages mit gepackten Koffern vor ihm stand. Sie wollte verreisen, um ihre Gedanken und Gefühle neu zu ordnen. Sie beide waren zu der Zeit neunzehn Jahre verheiratet, und er hatte immer gedacht, alles sei in bester Ordnung. Aber das war ein Irrtum.

Seine Frau erklärte ihm, dass sie keine Lust mehr habe, allein die emotionale Last der Familie zu tragen. Sie hatte das Gefühl, dass nur sie in die Beziehung investierte. Sie war einfach erschöpft. Gemeinsam hatten sie drei Kinder, die sie über alles liebten. Doch sie empfand ihr Leben als aufreibend und festgefahren, weil sie sich um alles kümmern musste und für alle Bedürfnisse zuständig war. Für sich selbst blieb keine Zeit.

Sie war unglücklich in ihrer Ehe, und er dachte, es sei alles in bester Ordnung. Für sie lagen die Dinge auf der Hand, für ihn war das, was er von ihr zu hören bekam, völlig neu.

Das Erstaunlichste an dieser Geschichte ist, dass unser Freund kein egoistischer, rücksichtsloser Mensch ist. Er ist verständnisvoll und sensibel. Er wollte seine Frau glücklich machen, und trotzdem hatte er keine Ahnung davon, dass sie am Ende ihrer Kräfte war. Seine Unwissenheit zeigt überdeutlich, dass Männer Hilfe brauchen, um zu verstehen, wie Frauen sich fühlen – bevor sie ihre Koffer packen.

Wenn Sie sich darauf einlassen, dann wird sich das in Ihrer Ehe täglich auszahlen. Nehmen wir ein Beispiel. Für Sie ist es offensichtlich, dass der Papiermüll überquillt und das schmutzige Geschirr gespült werden muss. Sieht Ihr Mann das auch? Wahrscheinlich ist es ihm noch gar nicht aufgefallen. Er übersieht solche Dinge nicht absichtlich; er hat einfach eine andere Wahrnehmung.

Männer registrieren solche Details anders und oft langsamer. Seien Sie Ihrem Mann wohlgesonnen, zeigen Sie ihm, wie er Ihnen helfen kann.

> Helfen Sie Ihrem Mann, die Dinge zu sehen, die für Sie offensichtlich sind.

9. Männer erledigen Aufgaben nacheinander

Allgemein gesprochen erledigen die meisten Männer einzelne Aufgaben nacheinander (wenn man einmal vom Zuhören absieht), während Frauen eher mehrere Dinge auf einmal tun können. Wenn ein Mann zum Beispiel Fernsehen schaut, dann tut er gewöhnlich nichts anderes dabei. Vielleicht holt er sich das Schuhputzzeug und versucht in den langweiligeren Phasen des Fußballspiels seine Schuhe zu putzen, doch wenn es Richtung Tor geht, dann ist auch das völlig vergessen.

Ein Frau dagegen ist selten nur mit einer Sache beschäftigt. Mehrere Dinge gleichzeitig zu tun gehört einfach zu ihrem Frausein dazu. Während sie das Essen kocht, hilft sie einem Kind gleichzeitig bei den Hausaufgaben, lernt mit dem anderen Kind das ABC, achtet darauf, ob die obere Toilettenspülung immer noch herumzickt, telefoniert kurz mit ihrer Freundin oder rechnet schnell die Ausgaben der letzten Tage zusammen. Oftmals bearbeitet sie alles parallel!

Deshalb ist es für eine Frau in der Regel so schwer zu verstehen, dass Männer das einfach nicht können.

Beobachtet man Männer beim Kochen, dann verdeutlicht das sehr gut, was wir meinen. Wenn Männer kochen, dann kochen sie. Viele von ihnen sind so konzentriert mit den Töpfen beschäftigt, dass sie kaum etwas um sich herum wahrnehmen.

Wenn eine Frau dagegen kocht, spült sie meist schon das schmutzige Geschirr, während sie darauf wartet, dass etwas kocht, schmilzt oder dick wird. Sie wischt die Arbeitsplatte ab, bevor sie mit einer anderen Beilage beginnt, deckt den Tisch, während die Brötchen im Ofen braun werden, und findet sogar noch Zeit, im Garten ein paar Blumen zu pflücken, um sie auf den Tisch zu stellen. Das ist Multitasking. Männer arbeiten für gewöhnlich nicht so. Sie konzentrieren sich auf das Kochen. Spülmaschine einräumen, Tisch decken oder Blumen pflücken ist dann nicht Teil ihrer Aufgabe.

Wenn ein Mann einen Anruf bekommt, dann hört er meist mit dem auf, was er gerade tut, und konzentriert sich auf das Gespräch, während die meisten Frauen damit weitermachen, was sie gerade taten, als das Telefon klingelte – das Baby anziehen, Gemüse schneiden oder Wäsche zusammenlegen.

Beobachten Sie einmal die Art, wie Ihr Mann mit diesen kleinen Situationen umgeht. Versuchen Sie, seine Eigenarten zu verstehen und zu akzeptieren, denn das kann einen großen Einfluss auf die Atmosphäre in Ihrer Familie haben. In einer entspannten Atmosphäre kommt es viel eher zu guten Gesprächen.

Ihr Mann geht an Aufgaben anders heran als Sie.

10. Männer sind emotional und geistlich anders als Frauen

Genauso wie ein Mann an eine bestimmte Aufgabe anders herangeht als eine Frau, so sind auch die geistlichen Gaben von Männern anders als die von Frauen. Die emotionale Stärke einer Frau liegt auf einem anderen Gebiet als bei einem Mann.

Ihre geistliche Gabe ist vielleicht die Barmherzigkeit und seine die

Organisation. Wenn Sie diesen Unterschied nicht berücksichtigen, dann passiert es schnell, dass Sie Ihren Mann als hart und unbarmherzig verurteilen, weil er sich den Bedürfnissen anderer nicht so widmet wie Sie. Wenn es zum Beispiel einen Trauerfall in einer Familie aus der Gemeinde gibt, dann kommt er gar nicht auf die Idee, diese Familie einmal zu besuchen. Wenn jemand seine Arbeit verloren hat, dann kümmert er sich nicht so wie Sie darum, dass er eine neue Stelle findet. Wahrscheinlich ruft er auch nie bei einem Menschen an, der gerade durch eine schwere Zeit geht, während Sie mindestens dreimal in der Woche anrufen. Er ist eben anders begabt als Sie. Menschen mit der Gabe der Organisation beschränken sich und ihre Konzentration meist auf die zu erledigenden Aufgaben und nicht auf die Menschen an sich.

Daher ist es wichtig, dass Sie nicht nur Ihre eigenen Gaben erkennen, sondern auch die Ihres Mannes. Finden Sie heraus, welche Gaben er hat, und ermutigen Sie ihn, diese auch zu nutzen.

Werfen Sie ihm seine Persönlichkeit nicht vor. Wenn er eher introvertiert ist, dann ist das gut so. Wenn er auf einer Feier gerne lacht, Sie aber eher stiller sind, dann freuen Sie sich an seinem Lachen. Erlauben Sie ihm, sich selbst zu entfalten.

Wenn Sie eine Frühaufsteherin sind und er eine Nachteule, dann grummeln Sie nicht und stempeln ihn als faul ab, wenn er morgens nicht so früh aufsteht wie Sie. Er war wahrscheinlich schon eine Nachteule, bevor Sie ihn geheiratet haben, und damals mochten Sie es an ihm. Fangen Sie an, es wieder zu mögen. Vergleichen Sie sein Talent und seine Persönlichkeit nicht dauernd mit sich selbst, nur um herauszufinden, was ihm fehlt oder was er falsch macht. Wie schnell denken wir, dass unsere Art die beste ist, aber da liegen wir falsch! Es gibt nicht die eine „richtige" Art, denn Gott hat uns alle ganz einzigartig geschaffen.

Es könnte sein, dass Gott gerade die Eigenschaften Ihres Mannes gebrauchen möchte, die Sie an ihm störten, um Sie selbst zu verändern.

> Hören Sie auf, Ihren Mann nach Ihren Vorstellungen zu verändern. Wenn zwei Menschen völlig gleich sind, dann wäre einer davon überflüssig.

11. Männer haben einen anderen Sinn für Details

Ist Ihnen das auch schon einmal passiert? Ihr Mann kommt nach Hause und erzählt Ihnen, dass Ihre Freunde Susanne und Thomas gestern ihr Baby bekommen haben. Er ist Thomas zufällig auf dem Firmenparkplatz begegnet, und der hat ihm sofort die freudige Nachricht mitgeteilt. Sie fragen natürlich, ob es ein Junge oder ein Mädchen ist. Ihr Mann kratzt sich am Kopf und legt die Stirn in Falten. Nach einigem Nachdenken sagt er schließlich: „Ich bin mir nicht sicher. Thomas hat es mir, glaube ich, nicht gesagt, und ich habe ihn nicht danach gefragt."

Sie fragen weiter: „Wie geht es denn Susanne? Gab es irgendwelche Komplikationen bei der Geburt?"

Ihr Mann schaut Sie an, als wären Sie von einem anderen Stern. „Woher soll ich das denn wissen?", fragt er mit ungläubigem Gesichtsausdruck zurück.

Dieses Beispiel beschreibt einen der größten Unterschiede zwischen Mann und Frau. Die meisten Männer schauen auf das große Ganze und vernachlässigen die Details, während eine Frau die Details braucht, um das große Bild zu sehen. Da Männer eher nicht an den Details interessiert sind, wirken sie oft vergesslich. Sie sind eigentlich gar nicht so vergesslich – sie nehmen die Information gar nicht erst auf.

Für einen Mann spielt es zum Beispiel gar keine Rolle, ob ein Baby ein Junge oder ein Mädchen ist, solange es nicht sein Kind ist. Das einzig Wichtige ist, dass es geboren wurde. Wer braucht da noch die Details?

Für eine Frau dagegen ist das Geschlecht des Babys nur der Anfang einer ganzen Reihe von Fragen. Sie möchte alles ganz genau wissen: das Geburtsgewicht, die Größe, die Haarfarbe, wem das Baby ähnlich sieht und so weiter. Damit aber nicht genug, denn sie will auch alles über die Geburt wissen: wie lange es gedauert hat, wann sie ins Krankenhaus gefahren sind, wie es der Mutter nach der Geburt ging, ob alles in Ordnung war mit dem Baby. Das Gesamtbild ist ohne diese Details für eine Frau lückenhaft.

Der Unterschied geht aber noch weiter. Ein Mann kann sich viel weniger Details merken als eine Frau – es sei denn, es geht um eine Sportveranstaltung. Dieser Umstand kann zu größeren Konflikten führen, denn manchmal eskaliert ein Streit, weil eine Frau sich an Dinge erinnern kann, die ihr Mann gesagt oder getan hat, an die sich ihr Mann aber nicht im Entferntesten erinnern kann.

Stellen Sie sich vor, ein Ehepaar streitet sich darüber, dass er immer alles kontrollieren will. Er bittet sie darum, ihm ein Beispiel dafür zu geben. Sie erinnert ihn an ein Familientreffen, auf dem sie vor einigen Monaten waren.

„Es war Mitte Juli, und die Klimaanlage brach kurz bevor wir Mittag essen wollten zusammen. Es war so heiß. Ich hatte meinen roten Blazer und eine weiße Hose an. Unter dem Blazer hatte ich ein ärmelloses Top, das so tief ausgeschnitten war, dass ich mich nicht traute, meinen Blazer auszuziehen. Ich hatte das Gefühl, ich zerfließe. Schweiß lief überall an mir herunter. Die großen Kinder spielten draußen im Garten, und meine Schwester hatte ihre zwei kleinen Kinder gerade zum Mittagsschlaf hingelegt. Ich aß ein Stück von Tante Giselas Kuchen, als du aufstandest und sagtest, dass wir jetzt nach Hause müssten. Jetzt gleich! Der Kuchen blieb mir fast im Hals stecken. Ich habe mich so geärgert. Du hast mich nicht einmal gefragt, ob ich schon gehen wollte. Mir hätte es schon gereicht, wenn du mir kurz vorher gesagt hättest, dass du bald gehen möchtest. Nein, du hast darauf bestanden, dass wir sofort gehen. Meine Mutter hat mir das Stück Kuchen eingepackt, damit ich es später noch essen konnte. Die Kinder hast du mitten im Spiel unterbrochen, obwohl Julian gerade am Gewinnen war. Sie sollten sofort ins Auto steigen."

Ihr Mann kann sich an nichts von alledem erinnern, aber was kann er schon zu seiner Frau sagen, die sich anscheinend an jede Kleinigkeit erinnert?

Sie können sich an viele Kleinigkeiten erinnern und er nicht. Wenn Sie das nicht im Hinterkopf behalten, dann wird diese weibliche Stärke schnell zu einer Waffe gegen Ihren Mann. Denn wenn es hart auf hart kommt, sind Sie ihm, was die Erinnerung betrifft, immer haushoch überlegen. Das treibt ihn aber in die schwächere Position, weil er Ihnen letztlich nichts entgegensetzen kann. Oft muss er einfach aufgeben, weil er gegen Sie keine Chance hat.

Je mehr Sie diese vermeintliche männliche Schwäche gegen ihn verwenden, um Ihre eigenen Interessen durchzusetzen, desto mehr zieht er sich zurück. Kein Mann lässt sich gerne auf ein Gespräch ein, bei dem von Anfang an feststeht, wer die Überlegenere ist. Er wird Ihnen das Feld überlassen. Sie behalten damit zwar in den meisten Situationen recht, aber letztlich geht es auf Kosten der Beziehung zu Ihrem Mann.

> Männer und Details passen nicht zusammen.

12. Die verschiedenen Lebensphasen eines Mannes

In welcher Phase seines Lebens sich Ihr Mann befindet, hat direkten Einfluss auf sein Handeln. Das Leben, das er mit fünfundzwanzig führte, unterscheidet sich deutlich von dem, das er mit fünfundvierzig lebt. Und was er mit fünfundvierzig tut, wird er wahrscheinlich mit fünfundsechzig nicht mehr tun. Männer in ihren Zwanzigern zeichnen sich normalerweise dadurch aus, dass sie sehr karriereorientiert sind und ihre Zukunft planen. Sie investieren oft deutlich weniger in Beziehungen als Frauen. Die Karriere, die ja eigentlich auch die gemeinsame Zukunft mitbestimmt, beschäftigt sie in dieser Lebensphase deutlich mehr.

Ähnliches trifft oft auch für die Männer in den Dreißigern zu. Sie haben es meist schon geschafft, einen Fuß auf die Karriereleiter zu bekommen; nun sind sie damit beschäftigt, den Spagat zu beenden und den anderen Fuß nachzuziehen. Wahrscheinlich fühlen Sie sich als Ehefrau in dieser Phase als die Hauptakteurin in Ihrer Beziehung.

Männer in ihren Vierzigern erleben oft eine Zeit, in der sie sich neu besinnen. Sie fühlen sich immer noch voller Kraft und Energie, doch es wird ihnen bewusst, dass sie wahrscheinlich nicht der nächste Bundespräsident werden. Außerdem merken sie, dass es im Leben um mehr geht als nur um ihre Person. Diese Erkenntnis wird mit den Jahren immer tiefer.

Ich (Connie) habe mich immer gefragt, warum Frauen im Alter eher bitter werden, Männer dagegen offener. Vielleicht hat das oben Gesagte etwas damit zu tun.

Durch die verschiedenen Jahreszeiten seines Lebens hindurch verschiebt sich für den Mann der Fokus. Viele Ziele hat er erreicht oder stuft sie als unerreichbar, wertlos oder zu teuer ein. Er betrachtet das Leben durch eine andere Brille und sieht, was wirklich zählt. Und was findet er? Beziehungen.

Plötzlich wird ihm die Beziehung zu seiner Frau wichtig, und er bemüht sich um einen Weg, sich ihr mehr zuzuwenden. Leider kommt es vor, dass diese Annäherungsversuche von seiner Frau zurückgewiesen werden. Frauen haben nämlich am Anfang viel in die Beziehung investiert – ohne Erfolg, wie es ihnen schien – und haben sich daher mehr oder weniger aus der Beziehung zurückgezogen. Leider passiert das oft gerade dann, wenn ihre Männer anfangen, das zu tun, was sie sich immer gewünscht haben: mehr in die Beziehung zu investieren.

Wenn Sie das Gefühl haben, Ihr Mann hat Ihre Ehe einige Jahre lang „als Nebensache betrachtet“, dann geben Sie ihm eine zweite Chance. Werden Sie nicht bitter, und hören Sie nicht auf, in Ihre Ehe zu investieren. Lassen Sie die Liebe zu Ihrem Mann nicht erkalten.

> Die Lebensphasen Ihres Mannes stimmen nicht unbedingt mit Ihren eigenen überein. Unterstützen Sie ihn trotzdem immer wieder.

13. Sie haben einen Kämpfer geheiratet

Haben Sie sich jemals gefragt: „Warum tut mein Mann das?"

Die meisten Frauen fragen sich von Zeit zu Zeit, warum ihre Männer auf eine ihnen unverständliche Art und Weise handeln. Wenn Sie sich nach guten Gesprächen in Ihrer Ehe sehnen, dann müssen Sie die psychologischen Eigenheiten der Männer mit berücksichtigen.

Männer haben sehr viel mehr Testosteron in ihrem Körper als Frauen. Das macht sie nicht nur stark, sondern es ist auch der Grund für die vielen männlichen Persönlichkeitsmerkmale, die für Frauen manchmal so schwer zu verstehen sind.

Dieses Hormon erweckt die Kraft im Mann. Es durchflutet seinen Körper mit Energie und Stärke, und es weckt sein sexuelles Verlangen. Außerdem beeinflusst Testosteron sehr stark das Äußere, das Verhalten und die Stimmung eines Mannes. Zum Beispiel hat es unter anderem Einfluss auf die Körperbehaarung und auf das Verhältnis zwischen Muskeln und Fett im Körper.

Testosteron fließt auch durch das Gehirn und ist oft mitverantwortlich für Hyperaktivität bei Jungen. Männer sind häufig handlungsorientiert, unverblümt und direkt.

Kommt Ihnen folgendes Gespräch bekannt vor?

„Liebling", eröffnen Sie an einem Samstag das Gespräch, „was hast du heute Nachmittag vor?"

„Ich habe keine Lust, einkaufen zu gehen und mich durch unendlich viel Geschäfte zu drängen. Ich möchte heute Nachmittag Fußball gucken", antwortet Ihr Mann.

Sofort vergessen Sie alles, was Sie über die Unterschiede zwischen Männern und Frauen wissen, und Ihnen schießen ärgerliche Gedanken durch den Kopf: Ich habe doch gar nichts von einem Einkauf gesagt! Ich will gar nicht einkaufen gehen. Ganz abgesehen davon gehen wir nie in unendlich viele Geschäfte.

In der Zwischenzeit hat Ihr Mann schon alles für den Fußballnachmittag hergerichtet. Wahrscheinlich hat er sich schon die ganze Woche auf das Spiel gefreut. Sie denken sich: Warum hat er nicht einfach gesagt: „Ich will mir heute Nachmittag gerne das Spiel anschauen. Willst du mitgucken?"

Mal ehrlich: Testosteron bringt meist nicht die höflichste Seite in unseren Männern zum Vorschein. Oft ist es sogar der Grund, dass Männer in manchen Situationen alle Vorsicht und guten Manieren in den Wind schießen. Die Unhöflichkeit ist aber häufig gar nicht beabsichtigt.

Sie müssen Ihren Mann jetzt nicht den Kopf zurechtrücken. Reagieren Sie doch einmal völlig anders. Wie wäre es mit:

- „Ich habe ja völlig vergessen, dass Eintracht Frankfurt heute gegen den HSV spielt (ersetzen Sie die Mannschaften einfach durch Ihre eigenen). Das klingt gut ... ich glaube, ich würde mich dir einfach anschließen!"
- „Ich habe Bier im Kühlschrank und Chips in der Vorratskammer."

Auf diese Weise haben wir Frauen die Möglichkeit, einmal neben uns zu treten und uns einzugestehen, dass Männer manchmal einfach so sind. Oft hilft es, wenn wir bestimmte Untertöne nicht persönlich nehmen, denn sie sind meist nicht so gemeint.

> Wenn Ihr Mann wie ein Mann reagiert, dann nehmen Sie es ihm nicht übel.

14. Liebe geht durch den Magen

Für viele Männer geht die Liebe durch den Magen.

Wenn Sie mit Ihrem Mann etwas Besonderes besprechen wollen, dann fragen Sie ihn doch am besten erst einmal, was er essen möchte. Oder fragen Sie ihn nach dem Lieblingsessen seiner Kindheit. Eine Reise durch die kulinarischen Spezialitäten seiner Kindheit wird Ihnen die Augen für viele Seiten Ihres Mannes öffnen, besonders wenn er schöne Erinnerungen an seine Kindheit hat.

Mein (Nancys) Mann wuchs auf einer kleinen Farm in Texas auf. Er war also ein richtiger Cowboy. Zusammen mit seinem Vater schlief er nachts unter freiem Himmel, und am Tag trieben sie die Kuhherden von einem Weideplatz zum nächsten. Auf dem Weg zurück zur Farm war für ihn immer die wichtigste Frage: „Was gibt es zu essen?"

Seine Mutter war eine großartige Köchin, die immer reichlich Essen für ihre Jungs vorbereitete. Ein typisches Sonntagsessen war ein besonderer Anblick – Roastbeef, gebackenes Huhn, Schinken und Bohnen, Kartoffelbrei, Nudeln mit Käse, scharf gewürzte Eier, frischer Mais, Tomaten, grüne Zwiebeln, mexikanische Peperoni, Sellerie, Bananenpudding und oft noch einen Kuchen dazu. Fast das gesamte Essen kam von ihrer eigenen Farm.

Wenn mich mein Mann also in unseren ersten Ehejahren aus dem Büro anrief und fragte, was ich heute Abend kochen würde, dann war „Auflauf" keine gute Antwort. Meist reagierte er auf meinen Vorschlag mit Sätzen wie: „Das ist ein Frauenessen! Das mag ich nicht!"

Mein (Connies) Mann achtet sehr genau auf gesunde Ernährung. Sie ist ihm ungefähr so wichtig wie mir Schokolade! Ich bin auf einer Farm aufgewachsen, und meine Familie aß immer sehr viel rotes Fleisch. Mein Mann isst aber eigentlich nur Fisch und Geflügel. Als wir heirateten, kannte ich ungefähr 250 verschiedene Rezepte für Hamburger, aber Hühnchen konnte ich nur frittieren, und Fisch ist mir immer angebrannt.

Doch im Laufe der Jahre habe ich dazugelernt. Mein Mann freut sich sehr darüber, dass ich auf seine Vorlieben Rücksicht nehme, wenn ich unsere gemeinsamen Mahlzeiten plane. Obwohl für ihn die Liebe nicht unbedingt durch den Magen geht, zeigt sich meine Liebe für ihn doch in meiner Essensauswahl.

Wenn wir das Essen kochen, das unsere Männer mögen, dann kümmern wir uns in einer Weise um sie, die sie verstehen. Das hört sich vielleicht für uns Frauen etwas oberflächlich an. Wir können es oft nicht nachvollziehen, was Essen für einen Mann bedeutet. Darum ist es umso wichtiger, dass wir uns darüber immer wieder Gedanken machen.

Sogar Connies Mann, dem Essen an sich gar nicht so wichtig ist, fragt manchmal: „Essen wir heute Abend nur eine Kleinigkeit?", wenn er sieht, dass es keine Anzeichen für ein warmes Abendessen gibt. Kleinigkeiten sind völlig in Ordnung – wir essen dann zum

Beispiel Müsli, Griesbrei, gegrillten Käse oder etwas Vergleichbares. Obwohl Essen für ihn keine so große Rolle spielt, will er doch wissen, was es gibt.

Unsere Verlegerin erzählte uns, dass sie bereits kurz nach ihrer Hochzeit gelernt habe, was für eine wichtige Rolle Essen im Leben ihres Mannes spielte. Als sie miteinander über ihre Erinnerungen an die Hochzeitsreise nach North Carolina redeten, war für sie der absolute Höhepunkt die wunderschöne Tour durch das Biltmore Hotel. Sie erinnerte sich noch genau an die vielen Kerzen und kleinen Lichter, die den Rasen und die vielen Gänge erleuchteten, und an den bezaubernden Weihnachtsschmuck. Er dagegen wusste noch genau, wie sie gemeinsam praktisch die gesamte Gegend nach dem einen besonderen North Carolina Restaurant abgesucht hatten, an das er sich aus seiner Kindheit noch so genau erinnerte. Allein bei dem Gedanken leuchteten seine Augen wieder genauso wie damals, als sie das Restaurant an ihrem letzten Abend fanden. Sie kamen gerade noch rechtzeitig, bevor die Küche schloss – das Essen war ein Genuss! Unsere Verlegerin hat bis heute einen wunderschönen Bildband von dem Biltmore Hotel und ihr Mann ein Buch über gegrillte North Carolina-Spezialitäten mit einem Restaurantführer am Ende.

Wir möchten Sie dazu ermutigen, wieder mit dem Kochen anzufangen, wenn Sie es aufgegeben haben. Es ist eigentlich gar nicht so schwer, ein paar einfache Gerichte zu lernen, die nicht so viel Vorbereitungszeit brauchen. Außerdem gibt es viele neue Hilfsmittel, die uns beim Kochen zur Verfügung stehen.

> Die alte Volksweisheit „Liebe geht durch den Magen“ hat ihre Berechtigung.

Teil 2

Mehr über ihn

Jeder Mann ist anders

Mein Vater ist ein Mann, der etwas zu essen braucht,
ein warmes Bett, viel Cola light,
die richtige Zahnpasta, saubere Strümpfe,
und ich glaube, er mag auch saubere Unterwäsche.
Außerdem liebt er Nutella am Sonntagmorgen.
Doch am allermeisten braucht er es, dass meine Mama ihn lieb hat.
Taylor, 6 Jahre

Wenn man einen Mann fragt, was er braucht, dann wandert sein Blick meistens in weite Fernen, und er fragt sich, wo diese Frage wohl hergekommen ist. Lässt man dann nicht locker und bohrt weiter, sagt er wahrscheinlich so etwas wie: „Nichts. Mir geht's gut!"

Wir sind davon überzeugt, dass unser Umgang mit unseren Männern viel damit zu tun hat, ob wir ihre Bedürfnisse erkennen und ihnen gerecht werden. Wir möchten Sie gerne ermutigen, Ihren Mann nicht nur genau zu beobachten, sondern auch seine Bedürfnisse zu erkennen und zu erfüllen. Im folgenden Teil wollen wir erklären, was wir damit meinen.

Großer Reichtum kann aus wenig Geld entstehen, wenn man das Geld über Jahre hin richtig investiert. Dasselbe gilt auch für Beziehungen. Das Selbstwertgefühl Ihres Mannes kann durch Ihre Reaktionen auf ihn deutlich gestärkt werden. Das bedeutet aber auch, dass Ihre Lebensqualität durch Ihr Verhalten Ihrem Mann gegenüber verändert wird. Es ist ein unumstößliches Lebensprinzip, das wir oft nicht so ernst nehmen: Man bekommt zurück, was man gibt.

Wenn Sie Ihren Mann wertschätzen, dann wird er wertvoll für Sie.

15. Buchstabieren Sie R-E-S-P-E-K-T, wie er es tut

Der amerikanische Kabarettist Rodney Dangerfield bekommt immer wieder Lacher für denselben Witz. Irgendwann in seinem Programm wirft er den Satz ein: „Ich werde nicht respektiert." Außerdem ruft er auch fast immer aus: „Nehmen Sie meine Frau – bitte!" Natürlich ist das alles nicht ernst gemeint, und doch könnte es der Schrei aus dem tiefsten Herzen der meisten Männer sein – vor allem in den letzten dreißig Jahren. Männer werden in Komödien und Zeichentrickfilmen oft als Blödmänner und Clowns dargestellt.

Unsere Gemeinde bietet momentan einen Kurs an: „Was heißt Mannsein in unserer heutigen Welt?" Der Kurs findet freitagmorgens um 6:15 Uhr statt. Mehr als dreihundert Männer kommen dorthin, und es werden immer mehr.

Respektiert zu werden ist sehr wichtig für einen Mann.Wenn er sich respektiert und wertgeschätzt fühlt, hat er weniger Angst davor, seine tiefsten Gefühle und Gedanken mitzuteilen. Denn er weiß, dass sein Name, sein Ruf und sein ganzes Wesen in den Händen und im Herzen seiner Frau gut aufgehoben sind.

Respekt bedeutet, jemandem mit Wertschätzung und Achtung zu begegnen. Selbst wenn Sie momentan den Respekt für Ihren Mann verloren haben, können Sie trotzdem anfangen, seinen Titel – Ehemann – wieder zu respektieren.

Es gibt viele Wege, wie man Respekt in der Ehe erneuern kann.

- Sprechen Sie freundlich, wenn Sie mit ihm reden. Auf den Ton kommt es an!
- Sprechen Sie mit Hochachtung über ihn.
- Zeigen Sie Ihren Kindern durch Ihr Beispiel, dass sie ihren Vater respektieren sollen.
- Achten Sie darauf, wie Sie ihn verabschieden oder begrüßen.
- Lernen Sie, seine Entscheidungen anzunehmen, selbst wenn es Ihnen schwerfällt, sie zu akzeptieren.
- Begrüßen Sie Ihren Mann am Telefon mit einer liebevollen An-

rede: „Hallo, Liebling!" oder „Hallo, mein Schatz!" Vielleicht finden Sie, dass er so eine Anrede im Moment nicht verdient hat. Doch er bleibt ein wertvoller Mensch, selbst wenn das Ihrer Meinung nach gerade nicht stimmt.

- Drängen Sie ihn nicht aus Ihrem Leben, sondern versuchen Sie, mit ihm statt neben ihm zu leben.
- Reden Sie nicht schlecht über die Familie Ihres Mannes. Auch das zeigt einen Mangel an Respekt und kann einen Keil zwischen Sie und Ihren Mann treiben. Wenn Sie es trotzdem manchmal tun, dann entschuldigen Sie sich bei ihm dafür.

Behandeln Sie Ihren Mann zuvorkommend und mit Respekt.

16. Akzeptieren Sie ihn

Wenn Sie Ihren Mann akzeptieren, dann ist das für ihn so, als würden Sie ihn während einer Hitzewelle unter die Niagarafälle stellen, anstatt ihn in die Wüste zu schicken. Die Niagarafälle stehen hier symbolisch für einen Ort, der das richtige Umfeld für gute Kommunikation in der Ehe darstellt. Sie erreichen ihn, indem Sie die Erwartungen an Ihren Mann herunterschrauben und gleichzeitig ihr Maß an Akzeptanz erhöhen.

Viele Frauen wissen gar nicht, dass Akzeptanz für ihren Mann alles bedeutet.

Irgendwann in ihrer Ehe fangen die meisten Ehefrauen ein kleines Veränderungsprojekt an: den Ehemann. Natürlich haben sie nur die besten Absichten. Ein bisschen Abschleifen hier und eine kleine Feinabstimmung dort machen ihn doch nur noch besser, als er sowieso schon ist. Doch die Kosten für dieses Projekt sind hoch.

Lassen Sie die Finger von solchen Veränderungsprojekten. Zeigen Sie ihm stattdessen, dass Sie ihn so wollen, wie er ist.

Wenn Sie Ihren Mann akzeptieren, dann hilft ihm das, aus sich herauszugehen. Je mehr er sich akzeptiert fühlt, desto mehr wird er mit Ihnen reden wollen und Ihnen vertrauen, denn plötzlich muss er sich nicht mehr gegen Ihre Erwartungen schützen.

Denken Sie einen Moment darüber nach, mit wem Sie sich gerne unterhalten. Meistens sind das die Menschen, die einem das Gefühl geben, dass man geliebt und angenommen wird, so wie man ist. Solche Menschen nörgeln nicht dauernd an uns herum und sagen uns, was wir noch verändern müssen. Außerdem haben wir in ihrer Nähe nicht den Eindruck, dass sie uns eigentlich gerne anders hätten. Sollten sie dennoch irgendwann mit einem Veränderungsprojekt anfangen, dann würden wir bestimmt bald nichts mehr über uns preisgeben. Wir öffnen uns immer den Menschen, die uns so akzeptieren, wie wir sind. Warum sollte das bei Ihrem Mann anders sein?

Wenn Sie aus dem Veränderungsprojekt aussteigen wollen, dann helfen Ihnen vielleicht die folgenden Anregungen:

- Sagen Sie Ihrem Mann jeden Tag, dass Sie ihn so lieben, wie er ist.
- Seien Sie nicht so schnell mit Kritik und Nörgelei. Oft ist die Versuchung sehr groß, weil wir glauben, wir wissen es besser. Halten Sie Ihre Zunge im Zaum!
- Unterbrechen Sie ihn nicht. Frauen sind sehr intuitiv und reagieren schnell auf das, was gesagt wird. Eine Frau hat oft schon mehrere Antworten auf das parat, was ihr Mann gerade sagt, bevor er seinen Gedanken zu Ende geführt hat.
- Hören Sie genau zu, denn Sie könnten etwas Wichtiges über Ihren Mann erfahren. Erlauben Sie ihm, seinen eigenen Weg zu gehen. Vielleicht sind Sie der schnellere Denker, doch das heißt nicht, dass Sie auch der bessere Denker sind. Es heißt nur, dass Sie anders denken.
- Tief in uns wünschen wir uns alle, akzeptiert zu werden.

> Akzeptanz ist nicht nur die Schleife auf dem Geschenk – sie ist das Geschenk.

17. Nutzen Sie die Kraft der Anerkennung

Wissen Sie, was einen Mann motiviert? Anerkennung.

Überlegen Sie einmal, wie die folgenden Worte auf Ihren Mann wirken würden:

„Du bist toll. Der Rasen sieht fantastisch aus. Vielen Dank, dass du ihn früher als sonst gemäht hast. Wenn meine Freundinnen heute Abend kommen, können sie alle unseren schönen Garten bewundern."

„Danke, dass du die schwierige Situation mit deiner Tante in die Hand genommen hast. Du hast so weise und ruhig gehandelt und genau das Richtige gesagt. Ich bewundere dich dafür, wie du solche Situationen meisterst."

„Vielen Dank, dass du mir heute Abend zugehört hast. Ich war so entmutigt und besorgt. Es hat mir geholfen, dass wir über alles reden konnten."

Anerkennung ist sozusagen der Treibstoff für einen Mann. Dadurch wird er motiviert, noch mehr tun zu wollen. Genauso wie fehlende Anerkennung ihn lahm legt. Das Gleiche gilt auch für die Kommunikation. Wenn Sie ständig sticheln und ihm Vorhaltungen darüber machen, wie wenig er mit Ihnen redet, dann wird er sich noch mehr verschließen. Doch wenn Sie seine Kommunikationsbereitschaft verbessern wollen, erkennen Sie das an, was er bereits tut.

Das nächste Mal, wenn Ihr Mann etwas von sich erzählt (auch wenn es nur eine Kleinigkeit ist), dann sagen Sie zu ihm:

„Danke, dass du mir davon erzählt hast, wie dein Tag war."

Und dabei belassen Sie es dann! Den meisten Frauen fällt es schwer, danach nichts mehr zu sagen. Meist kommt noch etwas wie: „Ich wünschte, du würdest mir öfter mal etwas erzählen. Ich bin den ganzen Tag allein mit den Kindern zu Hause und brauche ab und zu jemanden zum Reden, der älter ist als zwei Jahre."

Ihr Ehemann denkt sich daraufhin: „Oh nein, gibst du ihr den kleinen Finger, will sie gleich die ganze Hand." Das nächste Mal wird er sich vorher genau überlegen, ob er Ihnen den kleinen Finger wieder anbietet.

Doch wenn Sie es anerkennen, dass er etwas über sich preisgegeben hat, ohne ihn danach weiter zu drängen, dann denkt er vielleicht: „Fühlt sich gut an! Was ich gerade erzählt habe, scheint meine Frau richtig glücklich zu machen. Das war gar nicht so schwer. Ich frage mich, was passieren würde, wenn ich das nächste Mal noch ein bisschen mehr erzählen würde ... vielleicht probiere ich es mal aus."

Wenn er dann das nächste Mal etwas erzählt, dann sagen Sie so etwas Ähnliches wie: „Danke, dass du mir davon erzählt hast! Es tut mir so gut, wenn du mich in diese Dinge mit einbeziehst."

„Wow, das hört sich gut an", denkt er sich dann. „Sie ist so dankbar und anerkennend und nörgelt nicht mehr die ganze Zeit, dass ich nicht mit ihr rede. Vielleicht gebe ich ihr das nächste Mal zwei Finger und nicht nur einen."

Manchmal dauert es ein bisschen, bis sich wirklich eine Veränderung einstellt, aber haben Sie Geduld. Durch Ihre positive, nicht vorwurfsvolle Reaktion sieht er Sie bald in einem völlig neuen Licht. Er ist liebenswürdig. Er ist rücksichtsvoll. Er ist freundlich. Er ist kommunikativ! Freuen Sie sich darüber, und sagen Sie es ihm auch. Sie machen es ihm leicht, über sich zu reden, indem Sie die ganzen Hindernisse aus dem Weg räumen, die er früher immer erst überwinden musste.

Vor einer Sache wollen wir Sie an dieser Stelle warnen: Wenn Ihr Mann Ihnen etwas über sich erzählt, dann kritisieren Sie ihn nicht für das, was er sagt, wie er es sagt oder über was er redet. Vielleicht interessieren Sie Motorräder überhaupt nicht. Doch wenn Sie wollen, dass er weiter mit Ihnen redet, dann sollten Sie dieses Interesse schnell entwickeln.

Das gleiche Prinzip gilt auch für den Haushalt. Überlegen Sie, wo er sich schon einbringt, und sagen Sie ihm dann, wie sehr Sie sich darüber freuen. Wir können Ihnen gar nicht sagen, wie sehr er so etwas mag. Je mehr er merkt, dass seine Bemühungen anerkannt werden, desto mehr hilft er Ihnen. Wenn er mit den Kindern einmal spazieren geht, dann bedanken Sie sich bei ihm. Ihr Dank und Ihre Anerkennung machen ihm Mut. Jetzt will er noch öfter versuchen, der wunderbare Mann zu sein, den er in Ihren Worten sieht.

Anerkennung und die Motivation Ihres Mannes gehen Hand in Hand.

18. Sagen Sie „Danke"

In langjährigen Beziehungen gibt es immer wieder positive Erfahrungen, für die wir uns bei unseren Ehemännern bedanken könnten. Aber tun wir das auch? Sehnt Ihr Mann sich nach einer positiven Bemerkung von Ihnen? Wenn ja, dann geben Sie ihm, was er braucht.

Gerade gestern Abend erzählte uns eine Freundin, wie sie die Umzugskisten für den Umzug gepackt hat. Bei jeder Kiste kamen die Erinnerungen zurück und sie bemerkte, wie glücklich sie in den letzten Jahren in Omaha gewesen war. Sie sagte, dass sie die Dankbarkeit für ihren hart arbeitenden, treuen Mann wie eine Welle durchflutete.

Sofort rief sie ihn an und sagte ihm ohne lange Vorrede: „Danke für die wunderbaren Jahre, die wir gemeinsam in Omaha verbracht haben. Danke, dass du dafür so hart gearbeitet hast, und danke, dass du mir und den Kindern so treu bist." Ihr Ehemann war sprachlos. Einige Augenblicke lang war er still – er war völlig überrumpelt. In diesem Moment fiel meiner Freundin auf, wie selten sie ihrem Mann in den fast dreißig Jahren ihrer Ehe gedankt hatte.

Nach dem Telefongespräch fragte sie sich, ob sie sich je bei ihren Eltern für ihre schöne Kindheit bedankt hatte. Nach einigem Nachdenken griff sie wieder zum Telefon, rief ihre Eltern an und sagte: „Vielen Dank für die tolle Zeit, die ich dadurch auch erlebt habe. Danke, dass ihr mir so eine schöne Kindheit geschenkt habt." Ihre Eltern regierten wie ihr Ehemann.

„Danke" sagen wir nicht jeden Tag. Das sollten wir aber! Machen Sie die Dankbarkeit zu einem Teil Ihres Lebens. Ihr Mann blüht dann vor Ihren Augen regelrecht auf.

Wenn Sie ihm normalerweise nicht sagen, wie dankbar Sie ihm für so manche Kleinigkeit sind, dann empfindet er die meisten Bemerkungen in Ihren täglichen Gesprächen als Kritik, selbst wenn sie nicht so gemeint sind. Was wir damit sagen wollen, ist: Wenn Ihr Mann lange ohne ein Dankeschön von Ihnen auskommen musste, dann verschließt er sich auch immer mehr vor Ihnen und ist in sich gekehrt. Er baut sich dann immer mehr ein Leben auf, in dem Sie nicht mehr vorkommen.

Wir haben nicht gewusst, wie wichtig Dankbarkeit für einen Mann ist. Wir wussten, dass ihnen Respekt wichtig ist, aber wir hatten keine Ahnung, dass Dankbarkeit so eine große Rolle spielt. Dabei ist es doch eigentlich ganz einfach.

Am häufigsten vergessen Frauen ihren Männern dafür zu danken, dass sie den Lebensunterhalt verdienen. Selbst wenn sie selbst auch arbeiten, können sie für seine Arbeit dankbar sein. Viele Männer arbeiten hart, um ihre Familien zu ernähren. Es ist Musik in ihren Ohren und in ihrer Seele, wenn das anerkannt wird. Worte voller Dankbarkeit sind sehr wichtig für einen Mann und können auch der Weg sein, das Schweigen in einer Ehe zu durchbrechen.

Es gibt noch andere Bereiche, über die Sie einmal nachdenken können:

- seine Rücksicht auf die Familie und die Eltern,
- seine Bereitschaft einem Freund zu helfen,
- seine Zeit, die er mit den Kindern verbringt,
- seine Hilfe im und um das Haus,
- seine Pünktlichkeit,
- sein Äußeres,
- seine Integrität,
- seinen Humor,
- seine Aufmerksamkeit in Bezug auf Intimität.

> Danke ist ein segensvolles Wort, das jeden Tag über Ihre Lippen kommen sollte.

19. Männer lieben Bewunderung

Akzeptanz und Anerkennung können den Rost von den Türangeln der Kommunikation in Ihrer Ehe entfernen, sodass sich die Tür langsam wieder öffnet. Bewunderung gibt dieser Tür dann einen kräftigen Schubs! Bewunderung ist eine einzigartige Sache, die einen Mann wie nichts anderes dazu ermutigt, mehr von sich zu erzählen.

Männer werden gerne bewundert. Wenn Sie das bezweifeln, dann sagen Sie Ihrem Mann, dass Sie ihn lieben, und schauen dann, was passiert. Dann erzählen Sie ihm etwas, das Sie an ihm bewundern. Fangen Sie an mit: „Es gibt etwas an dir, das ich sehr bewundere", und dann sagen Sie ihm, was das ist. Beobachten Sie, wie aufmerksam er Ihnen zuhört. Sie werden merken, dass Sie jetzt seine volle Aufmerksamkeit haben. So viel Kraft üben bewundernde Worte auf einen Mann aus.

In vielen Ehen steht die Bewunderung kurz vor dem Aussterben. Doch eine Ehefrau, die bereit ist, in diesem Bereich zu investieren, wird bald merken, wie viel sich dadurch verändert.

Am Anfang ist Ihr Mann vermutlich ziemlich überrascht. Wahrscheinlich ist es eine drastische Veränderung für ihn. Vielleicht erkennen Sie schon bald lange verborgene Zeichen von neuem Leben in Ihrem Mann, weil Sie ihm etwas gesagt haben, das Sie an ihm bewundern.

Ich (Nancy) habe vor Jahren einmal gehört, wie viel Einfluss Bewunderung auf einen Ehemann hat. Es klang ganz überzeugend, und deshalb wollte ich wissen, ob es stimmt. Als mein Mann in die Küche kam, fielen meine Augen auf seine Arme. Er hatte gerade den Rasen gemäht, und auf seinen Armen glitzerte noch der Schweiß. Da er körperlich oft hart arbeitet, hat er starke, muskulöse Oberarme. Ich fragte ihn, ob er für mich seine Armmuskeln spielen lassen würde. Zuerst dachte ich, er würde das als kindisch abtun, aber er fand es eine großartige Idee und war gerne bereit dazu. Am Nachmittag arbeitete er wieder im Garten hinter unserem Haus. Als er sah, dass ich ihn durch das Fenster beobachtete, hörte er auf zu arbeiten und ließ wieder seine Armmuskeln spielen. Ich lächelte von einem Ohr zum andern, und er auch.

Diese Wärme war nicht immer Teil unserer Ehe. Noch vor einigen Jahren dachte ich gar nicht daran, meinen Mann zu bewundern, genauso wenig wie er daran dachte, mit mir zu reden. Bewunderung war etwas, das unser Eheleben wieder zum Leben erweckt hat.

Es gibt viele Wege, wie Sie wieder anfangen können, Ihren Mann zu bewundern. Zum Beispiel bedeutet es einem Mann viel, wenn er für seinen Charakter bewundert wird. Ist Ihr Mann ehrlich, freundlich und arbeitet hart? Besitzt er Integrität und unumstößliche Prinzipien? Wenn ja, dann sagen Sie ihm, was Ihnen positiv an ihm auffällt.

Bewundern Sie etwas an seinem Aussehen – leuchten seine Augen? Lieben Sie seine sehnigen Hände? Ist sein Lächeln besonders fröhlich? Männern ist es nicht peinlich, für ihr Äußeres bewundert zu werden. Bewundern Sie seine Art, wie er Sie streichelt und küsst. Wir brauchen hier nicht ins Detail zu gehen. Es reicht, wenn wir sagen, dass Männer das sehr gerne hören!

Ehrliche Bewunderung ist eine intime Sache und gibt einem Mann ein Gefühl von Sicherheit. Sie hat so viel Kraft, dass Sie sich immer wieder hinterfragen müssen, ob Ihre Motive auch ehrlich und selbstlos sind und es nicht doch ein paar egoistische Hintergedanken gibt. Bewundern Sie ihn also nicht, um ihn „weichzukochen", damit er hinterher etwas für Sie tut. Stattdessen bewundern Sie ihn, weil er Ihr Ehemann ist und einen Ehrenplatz in Ihrem Herzen und in Ihrem Zuhause einnimmt.

> Bewunderung ist wie ein kühles Glas Wasser für einen durstigen Mann.

20. Bitte lächeln!

„Ein freundliches Antlitz erfreut das Herz" (Sprüche 15,30).

Durch ein Lächeln können Sie Ihrem Mann sehr gut zeigen, dass Sie ihn lieben. Lächeln Sie ihn an, wenn Sie ihn sehen. Wer möchte schon mit einem Miesepeter reden? Das ist eine Sache, über die wir immer wieder in unserer Bibelgruppe reden. Wir ermutigen die Frauen dazu, zu Hause einmal so in den Spiegel zu schauen, wie sie sonst ihren Mann anschauen. Haben Sie das in letzter Zeit einmal getan?

Connie hat ein sehr ausdrucksstarkes Gesicht. Sie lächelt immer, selbst wenn sie redet. Ich (Nancy) kann mich noch erinnern, wie sie unserer Bibelgruppe den Gesichtsausdruck gezeigt hat, den sie bei dieser Übung vor einigen Jahren im Spiegel gesehen hat und der ihrem Mann damals jeden Tag begegnet ist. Wir haben gebrüllt vor

Lachen. Wo war ihr Lächeln? Warum war ihre Stirn so gerunzelt? Warum biss sie die Zähne so zusammen? Ich hatte sie noch nie vorher mit so einem Schmollmund gesehen. Und wie sie entnervt die Augen verdrehte! Auch Connie hatte sich noch nie so gesehen. Sie erzählte uns, dass sie von dem Gesichtsausdruck schockiert war, den ihr Mann jeden Tag aushalten musste. Nach dieser Erfahrung beschloss Connie, ihren Ausdruck zu verändern, und das tat sie auch. Heute sieht ihr Mann dasselbe fröhliche Gesicht, das auch ihre Kinder und ihre Freunde sehen.

Achten Sie darauf, wie Sie Ihren Mann anschauen. Männer hassen diese besonderen „Blicke", die wir ihnen manchmal zuwerfen. Oft ohne es selbst zu merken. Arbeiten Sie daran, dass Ihr Mann ein liebevolles Gesicht sieht, wenn er Sie anschaut.

Ihr Gesicht ist Ihre Eingangstür. Wird der Besucher mit einem Lächeln begrüßt?

21. Ein Mann will gebraucht werden

Wussten Sie, dass Männer das Gefühl genießen, von ihren Frauen gebraucht zu werden?

Ich (Connie) kann mich noch genau an eine Diskussion mit meinen Mann erinnern, als er mir sagte, er habe das Gefühl, dass ich ihn nicht brauchte. Und er hatte recht. Ich war ein Kind meiner Generation – ich bin während der Frauenbewegung groß geworden, und obwohl ich keine Feministin bin, habe ich doch viele Werte der Frauenbewegung verinnerlicht: Unabhängigkeit, Selbstständigkeit und vieles mehr. Ich konnte für mich selbst sorgen, ich brauchte niemanden. Ich war eine Frau! Und ich hatte sicher auch einen Löwenteil in mir, denn ich konnte gut brüllen.

In unseren ersten Ehejahren hatte mein Mann eine anspruchsvolle und arbeitsintensive Stelle, deshalb musste ich für mich selbst sorgen und später auch für unsere Zwillingstöchter. Ich hatte gar keine andere Wahl. Doch als sein Arbeitspensum geringer wurde, überraschte er mich mit seinen Kommentaren. Ich war davon ausgegangen, dass er meine Unabhängigkeit gut fand, denn dadurch schien es mir, dass seine Rolle für ihn einfacher wurde. Aber mein Mann sah die Sache ganz anders. Er wollte gebraucht werden.

Ich erinnere mich auch an eine andere Situation, als ich ein paar Tage so krank war, dass ich das Bett hüten musste. Mein Mann musste mir sogar beim Aufstehen und Hinlegen helfen. Mir war das unangenehm und ich dachte: Sicher freut er sich, wenn ich wieder gesund bin. Aber er sagte mir auch, wie sehr er es genossen hatte, von mir so gebraucht zu werden.

Nun müssen wir als Frauen nicht erst richtig krank werden, damit unsere Männer das Gefühl bekommen, dass wir sie brauchen. Sie sollten sich immer wieder bewusst machen, dass Sie die Männlichkeit Ihres Mannes untergraben, wenn Sie ihm durch Ihr Verhalten zeigen, dass Sie ihn nicht wirklich brauchen.

Tief im Herzen eines Mannes liegt das Verlangen, seine Frau zu lieben und zu beschützen. Männer sehnen sich danach, unsere Liebhaber, Beschützer, Versorger und Verteidiger zu sein, die sich für uns auch vor einen heranrasenden Zug werfen würden, wenn es sein müsste.

Wenn ein Mann sich nicht gebraucht fühlt, dann fehlt ihm auch die Motivation zum Reden. Wenn Sie ihm zeigen, dass Sie ihn brauchen, machen Sie deutlich, dass er etwas Wertvolles und Einzigartiges in Ihre Beziehung einbringen kann. Er sieht plötzlich, dass er seiner Frau etwas geben kann, was keinem anderen möglich ist. Er merkt, wie Sie sich an ihn anlehnen und seinen Schutz suchen. Und das gefällt ihm.

Vielleicht probieren Sie mal etwas aus. Erzählen Sie Ihrem Mann von einem Bereich in Ihrem Leben, wo Sie ihn wirklich brauchen und er Ihnen hilft. Möglicherweise sagt er daraufhin nicht viel, aber wahrscheinlich wird er sich für dieses neue Thema bald erwärmen. Vielleicht haben Sie dadurch eine Tür aufgeschlossen, die schon lange Zeit versperrt war.

> Wenn Sie sagen, dass Sie den einen Menschen nicht mehr brauchen, ohne den Sie früher nicht leben konnten, dann ist das wirklich traurig.

22. Schweigen bringt eine Ehe zum Schweigen

Wie kommt es, dass eine Ehe in einem Moment so erfüllend und berauschend sein kann und im nächsten Moment so kalt wie ein Kühlschrank? Wie rutscht man aus der wunderschönen Symphonie in die falsche Tonart? Was bringt die „Liebesschwüre" in einer Ehe zum Schweigen? Einer der Hauptgründe ist, dass die Vergebung fehlt.

Wenn man nicht bereit ist zu vergeben, dann beschäftigt man sich immer wieder mit den gleichen Problem. Man kommt nicht voran und dreht sich im Kreis.

Ich (Nancy) bin vor Kurzem einer Frau begegnet, die in diesem Kreislauf gefangen war und es gar nicht wusste. Sie war so viel gerannt und hatte so viel geweint. Sie erzählte mir, dass sie fast gar nicht mehr mit ihrem Mann sprach und dass es ihr sogar schwerfiel, ihren neunjährigen Sohn zu lieben.

Da fragte ich sie, ob es jemanden in ihrem Leben gibt oder gegeben hat, dem sie das nicht vergeben kann, was er ihr angetan hat. Zuerst war sie überrascht von dieser Frage, doch sie dachte einige Zeit darüber nach. Sie fing an zu weinen und erzählte, dass sie einer Person nicht vergeben konnte, von der sie vor langer Zeit ungeheuerlich verletzt worden war.

Als sie noch länger darüber nachdachte, fiel ihr auf, dass sie in vielen Beziehungen mit Familienangehörigen große Schwierigkeiten hatte. Ich erklärte ihr, dass wir oft an Verletzungen gebunden sind, obwohl sie schon lange zurückliegen, weil wir sie nicht vergeben können. In der Bibel finden wir viele Stellen, in denen wir aufgefordert werden, anderen zu vergeben, so wie Jesus uns vergeben hat.

Ich habe sie ermutigt, nach Hause zu gehen und sich mit dem Thema zu beschäftigen. Sie sollte Gott bitten, ihr die Kraft zu geben, um dieser Person dann zu vergeben und auch den anderen, die noch auf ihrer „Liste" standen.

Das tat sie dann auch. Als ich sie eine Woche später wiedersah, war sie völlig verändert. Sie sagte, sie hätte das Gefühl, als ob eine große Last von ihren Schultern genommen wäre. Die Vergebung hatte viele Türen in ihrem Leben wieder geöffnet. Jetzt rannte sie nicht mehr nur im Kreis und kam nicht von der Stelle, sondern ihr Leben veränderte sich – auch zu Hause. Sie hatte einen neuen Zugang zu ihrem Mann und ihrem Sohn gefunden, und es gab auch wieder Raum für Gespräche. Sie hatte eine wichtige Lektion gelernt: Vergebung bringt Heilung und neue Hoffnung für den, der vergibt.

> Nichts zerstört Kommunikation in einer Ehe so sehr wie ein Partner, der nachtragend und verbittert ist.

23. Seien Sie bereit zu vergeben

Entweder Sie beherrschen Ihre Gefühle oder Ihre Gefühle beherrschen Sie. So einfach ist das.

Obwohl wir Frauen oft denken, dass wir gar keine andere Wahl haben, als ein gefühlsbestimmtes Leben zu führen, stimmt das so nicht. Wir können uns auch dagegen entscheiden. Es ist wichtig, unsere Gefühle zu verstehen, so gut es geht. Doch der Fokus sollte nicht nur auf unseren Gefühlen liegen, sondern auf unserem Verhalten und unseren Handlungen.

Vergebung ist kein Gefühl, sie ist ein Prozess, bei dem unser ganzes Sein gefragt ist. Sie müssen nicht erst fühlen, dass Sie jemandem vergeben können, um es zu tun. Sie müssen auch nicht warten, bis der andere sich ändert. Wenn Sie das tun, dann erlauben Sie ihm, Ihr Leben zu kontrollieren. Wenn Sie sich aber entscheiden zu vergeben, dann zerschneiden Sie selbst die Fesseln, die Ihr Leben so lange beeinflusst haben, und werden frei.

Vergebung setzt uns frei! Geben Sie sich nicht damit zufrieden, nur nebeneinanderher zu existieren, wo doch so viel mehr möglich ist. Vielleicht helfen Ihnen die folgenden Schritte:

- Überlegen Sie, ob es etwas gibt, das zwischen Ihnen und Ihrem Mann steht. Vielleicht verletzt Ihr Mann Sie unbewusst durch seine Art, die bei Ihnen alte Wunden wieder aufbrechen lässt. Oft reicht es, wenn Sie sich in der Stille davon lossagen.

Manchmal müssen Sie vielleicht auch zu Ihrem Mann gehen und ihn um Vergebung bitten. Überlegen Sie vorher genau, zu welchem Zeitpunkt und an welchem Ort Sie das machen, damit er sich davon nicht unter Druck gesetzt fühlt. Vergeben ist immer schwer, aber es fällt leichter, wenn wir uns bewusst machen, dass wir alle aus der Vergebung Gottes leben.

- Streben Sie nach Versöhnung. Wenn Sie glauben, dass Sie Ihren Mann um Vergebung bitten sollten, dann sorgen Sie dafür, dass die Kinder nicht dabei und Sie zwei ganz allein sind.
- Bekennen Sie sich zu Ihrem Teil des Problems. Sagen Sie ihm, dass Sie bisher nicht bereit waren, ihm zu vergeben, und dass dadurch viele Mauern in Ihrer Ehe entstanden sind. Sagen Sie nichts darüber, für wie groß Sie seinen Anteil an diesen Mauern halten – darauf komme er selber oder vielleicht auch nicht, aber das sollte Ihre Veränderungsbereitschaft nicht einschränken. Ihre Vergebung hängt nicht davon ab, ob und wann er sich verändert. Letztendlich sagen Sie ihm, dass Sie ihn so nehmen, wie er ist, ohne ihn verändern zu wollen. Verändern können Sie nur sich selbst. Sie wollen sich in diesem Gespräch für den Teil der Mauern entschuldigen, den Sie selbst in Ihrer Ehe aufgebaut haben. Lassen Sie sich davon nicht abbringen. Sagen Sie ihm, dass es Ihnen leid tut und dass Sie diese Mauern gerne abreißen wollen.
- Entscheiden Sie sich, Ihrem Mann immer wieder zu vergeben. Vergebung ist keine einmalige Sache. Vergeben muss man jeden Tag aufs Neue. Indem Sie anderen vergeben, setzen Sie sich letztendlich selbst frei.
- Vergebung bedeutet nicht, dass man das, was der andere einem angetan hat, klein macht. Es bedeutet vielmehr, dass man die Schuld und auch das, was dadurch entstanden ist, ernst nimmt und als Schuld benennt und sich damit auch seiner Verletzung stellt. Doch bleibt man nicht stehen, sondern man wehrt sich dagegen, dass diese Schuld weiterhin das eigene Leben bestimmen und kontrollieren soll.

Wir können gar nicht genug betonen, welchen starken Einfluss Vergebung auf Ihre Ehe haben kann.

Wenn Sie diesen Weg gehen, könnte ein Gespräch ungefähr so aussehen:

> „Schatz, ich weiß gar nicht, wo ich anfangen soll, deshalb mache ich keine lange Vorrede. Mir ist in der letzten Zeit klar geworden, dass ich Mauern zwischen uns aufgebaut habe. Das tut mir so leid. Kannst du mir das verzeihen?"

Keiner kann vorhersehen, was Ihr Mann darauf antwortet. Ihre Entschuldigung kann Ihren Mann zum Nachdenken bringen, wo er seinerseits ähnliche Mauern zwischen sich und Ihnen aufgebaut hat. Vielleicht bittet er Sie auch um Vergebung. Rechnen Sie allerdings nicht damit, dass Ihr Mann seinen Teil des Problems auch gleich einsieht und zugibt. Wenn Sie um Vergebung bitten, dann geht es um Sie und Ihre Freiheit von Verletzungen, Bindungen oder Bitterkeit, egal, wie Ihr Ehemann reagiert oder was er tut. Doch denken Sie daran, dass dies erst der Anfang ist! Vergebung ist nicht eine einmalige Sache. Man muss immer wieder vergeben, weil man so leicht in alte Muster zurückfällt und weil auch immer wieder etwas Neues vorfällt. Aber Vergebung kann Ihr Leben auf eine neue Grundlage stellen.

Vergebung bringt das Feuer wieder zum Brennen.

24. Lassen Sie die Vergangenheit ruhen

Wahre Vergebung kostet sehr viel. Sie ist nichts Einmaliges. Wenn Sie vergeben, dann müssen Sie auch bereit sein, sich Ihren inneren Wunden und Ängsten zu stellen und sie heilen zu lassen.

Eine Freundin hat das vor ein paar Jahren selbst herausgefunden. Ihr Mann hatte eine Affäre gehabt. Nachdem er es ihr erzählt hatte, entschied sie sich dafür, bei ihm zu bleiben – doch nur wegen ihrer noch sehr kleinen Kinder. Auf ihrer Seite war jede Liebe erkaltet. Es tat ihm wirklich sehr leid, und er hatte auch nie wieder eine Affäre.

Nach einiger Zeit stellte sich in ihrer Familie zumindest der Anschein von Liebe und Normalität wieder ein. Sie dachte, sie hätte ihm „mehr oder weniger" vergeben.

Doch eines Tages unterhielt sie sich mit einer Freundin darüber, was es heißt zu vergeben. Dabei fiel ihr auf, dass sie ihm überhaupt noch nicht vergeben hatte.

> „Es ist so, als ob ich die Erinnerung an diese Affäre die ganze Zeit in der Tasche mit mir herumtrage. Immer wenn es mir etwas bringt, ziehe ich sie aus der Tasche und halte sie wie eine Drohung über seinen Kopf. Ich muss dabei gar nichts sagen – meine Körpersprache und meine Haltung sagen mehr als tausend Worte. Ich behandele ihn so, als ob er mir was dafür schuldet, dass ich ihm vergeben habe. Gleichzeitig zeige ich ihm aber auch, dass er die Schuld nie bezahlen kann. Es ist, als ob ich ihm zu verstehen gebe, dass – egal was ich tue – ich ihn niemals so sehr verletzen könnte, wie er mich verletzt hat. Das sollte er besser nicht vergessen. Ich habe uns beide in ein schreckliches Gefängnis eingeschlossen. Ich will so nicht mehr leben."

Deshalb ging sie nach Hause und beschloss sich ihrer Vergangenheit und ihrer Verletzung zu stellen. Sie vergab ihrem Mann und bat ihn für all die Bitterkeit um Vergebung. Im Lauf der Zeit hatte sie ihm und sich selbst dicke Fesseln angelegt. Dagegen wollte sie sich jetzt wehren. In der dann folgenden Zeit veränderte sich viel. Sie und ihr Mann bewegten sich wieder aufeinander zu ohne das Damoklesschwert, das vorher über jeder Begegnung und jedem Gespräch gehangen hatte. Es war für beide eine Befreiung, und jetzt gingen sie gemeinsam den Weg der Heilung.

Es geht uns hier nicht darum, außereheliche Affären gutzuheißen. Wir wollen mit diesem Beispiel nur zeigen, dass es keine halbherzige Vergebung gibt. Entweder man vergibt, oder man tut es nicht. In der Vergebung hat die Haltung „Jetzt schuldest du mir aber etwas" keinen Platz.

Man kann Vergebung auch nicht tröpfchenweise austeilen. Entweder ganz oder gar nicht! Sie werden überrascht sein, wenn Sie merken, dass Sie selbst am meisten von der Vergebung profitieren.

Vergeben Sie Ihrem Mann – immer und immer wieder. Glauben Sie, dass Sie das nicht tun können, weil er es nicht verdient? Sie vergeben ihm nicht, weil er es verdient hat oder nicht. Wenn das so wäre, dann gäbe es auch für Sie und uns keine Vergebung, denn keiner kann sich Vergebung verdienen. Wir vergeben, weil uns selbst so viel vergeben wurde, weil wir frei sein wollen und weil wir Jesus dadurch ähnlicher werden.

Vergebung macht reinen Tisch. Wenn Sie mit den alten Verletzungen und Wunden aus der Vergangenheit leben, dann ruinieren Sie damit Ihr eigenes Leben.

25. Seien Sie treu!

Zum Gelingen einer Ehe gehört mehr, als den richtigen Partner zu finden; Sie selbst müssen auch der richtige Partner werden. Ein wichtiger Bestandteil einer Ehe ist die Treue.

Wenn der eine Partner nicht mehr weitermachen kann, wenn alles zu viel wird und es einfach nicht mehr geht, dann kommt die Treue ins Spiel. Wenn eine Situation schwierig wird, dann sollen wir zueinanderstehen.

Es gibt unglaublich viele Menschen, die zu denen stehen, die sie lieben, obwohl sich alle anderen von ihnen abwenden.

Diese Erfahrung hat auch Sandy gemacht. Ihr Mann hing nach einem Schlaganfall an lebenserhaltenden Maschinen. Er hatte einen Zettel unterschrieben, auf dem stand, dass die Maschinen abgestellt werden sollten, wenn sein Zustand sich zu stark verschlechterte. Doch seine Frau konnte es nicht.

Man hatte ihr unzählige Male gesagt, dass sie ihn loslassen sollte. Er konnte nicht mehr sprechen. Aber er hatte etwas in seinem Blick, wenn er sie ansah, das sie davon abhielt, die Maschinen abstellen zu lassen, obwohl er ja selbst vorher zugestimmt hatte.

Sandy war jetzt Tag und Nacht an seiner Seite. In einer ihrer kurzen Pausen kam sie in mein Büro. Wir beteten zusammen und baten

Gott um Weisheit für diese schwere Entscheidung. Wir baten ihn auch um Heilung, wie wir das schon hundertmal getan hatten. Auch viele Freunde beteten für John.

Als sie ins Krankenhaus zurückkam, fragte sie John, ob er weiterleben wollte. Er nickte ganz leicht mit dem Kopf. Jetzt fiel Sandy die Entscheidung nicht mehr schwer. In den nächsten Wochen wurde Johns Zustand langsam stabiler. Immer häufiger konnte er ohne das Beatmungsgerät auskommen. Nach einiger Zeit konnte er mit einer Gehhilfe laufen.

Nach seiner Entlassung kamen John und Sandy zu unserer Kirche. Sandy kam kurz in mein Büro und fragte, ob ich vielleicht mal eben auf den Parkplatz kommen könnte. Sie machte gerade ein paar Besorgungen, und John war im Auto.

Sofort lief ich hinaus. Er saß auf dem Beifahrersitz und strahlte mich an. Er hatte immer noch eine Atmungshilfe und einen Katheder und wurde durch eine Magensonde ernährt. Aber er lebte! All diese Hilfen und Röhrchen sollten in den nächsten Tagen entfernt werden.

Auch Sandy strahlte, als John mir erzählte, wie dankbar er seiner Frau sei. Er freute sich darüber, dass so viele Menschen für ihn gebetet hatten. Doch wenn er seine Frau ansah, konnte man in seinem Blick mehr über seine Dankbarkeit lesen, als seine Worte je ausdrücken konnten.

Viele Freunde wurden durch das Beispiel von Sandy und John berührt. John lebte noch einige Monate, und beide waren sich einig, dass diese Extrazeit, die ihnen geschenkt worden war, die wertvollste Zeit ihrer Ehe war.

Sind Sie treu? Kann sich Ihr Mann in den wichtigen und den kleinen Dingen des Alltags auf Sie verlassen?

Behalten Sie die Dinge, die er Ihnen anvertraut, für sich? Vermeiden Sie es, Ihren Eltern, Freunden und Kindern von seinen Fehlern zu erzählen?

Hat Ihr Mann völliges Vertrauen zu Ihnen?

Kann er sich Ihnen anvertrauen?

Oder sagt Ihr Mann manchmal: „Du bist ja nie auf meiner Seite"?

Untergraben Sie seine Erziehungsmethoden und ziehen damit die Kinder auf Ihre Seite?

Halten Sie ihm immer wieder seine alten Fehler vor?
Machen Sie vor anderen kleine Witze über diese Fehler?
Seien Sie in den kleinen Dingen des Alltags loyal, denn das bereitet Sie darauf vor, wenn es hart auf hart kommt.

> Loyalität ist ein Segen für den Geber und den Empfänger.

26. Werden Sie sein größter Fan

Wenn Ihr Mann gerade stürmische Zeiten durchlebt, dann werden Sie sein größter Fan. Wenn alles um ihn herum zusammenbricht und durcheinanderkommt, dann muss er wissen, dass Sie immer noch fest an ihn glauben.

Ein Sturm, der meinen (Nancys) Mann vor einigen Jahren traf, war besonders schlimm: Man hatte ihm gekündigt.

„Ich rufe dich nur an, um dir zu sagen, dass ich meinen Job verloren habe", sagte er mir am Telefon.

„Darüber macht man keine Witze", antwortete ich. „Ich finde das nicht lustig."

„Das ist kein Scherz", sagte er. „Die Firma baut Arbeitsplätze ab. Ich habe dir doch vor Kurzem davon erzählt. Man braucht mich micht mehr, bis gleich."

Mir wurde das Herz schwer, nicht nur wegen meinem Mann. Ich dachte auch an meine Familie. Mein Nest war in Gefahr, und das Gefühl von Sicherheit war plötzlich weg. Ein paar Minuten später sah ich, wie mein Mann in die Einfahrt fuhr. Er stieg aus dem Auto mit dem traurigsten Gesichtsausdruck, den ich je auf seinem Gesicht gesehen habe. Er öffnete die hintere Tür und zerrte etwas vom Rücksitz. Es war eine kleine Pappbox, mit dem Inhalt seines Schreibtisches. Ein paar größere Kartons mit den anderen Sachen aus seinem Büro wollte er erst später aus dem Auto holen.

Er kam durch die Tür, stellte den Karton auf den Küchentisch – der Karton beinhaltete einen großen Teil der letzten zwanzig Jahre seines Lebens – und ließ sich in einen Sessel fallen. Zum ersten Mal in den langen Jahren unserer Ehe sah ich ihn weinen. Viele hatten ihn immer den Sunnyboy genannt. Er war stellvertretender Geschäftsführer der Firma und alle hatten geglaubt, er würde bald die Geschäftsführung übernehmen.

Wie geht man als Frau mit einem Mann um, der depressiv, zornig, verletzt, traurig, zurückgezogen und unkommunikativ ist? Wie kann sie ein Gespräch mit einem Mann führen, der traumatisiert ist und den nichts mehr kümmert außer seinem eigenen Kummer?

Wir wollen Ihnen hier ein paar Vorschläge machen, was Sie tun können, wenn Ihr Mann in so einem Sturm steckt.

1. Lassen Sie sich nicht aus der Ruhe bringen. Ein Sturm ist eine schwierige Zeit, aber das Leben geht weiter. Es geht sicher oft auf und ab, und doch geht es irgendwie weiter. Ihr Mann braucht Sie jetzt sehr. Versuchen Sie ihn zu unterstützen, wo es geht, Ruhe zu bewahren und ihm zu helfen, nicht an seinen Fähigkeiten zu zweifeln. Gott hält Ihr Leben in seiner Hand, und er weiß, was er tut.

Eine Bekannte von uns erinnerte sich, dass sie mit dem Sturm im Leben ihres Mannes nicht gut umgegangen ist. Traurig erzählte sie uns, dass sie ihren Mann in dieser Situation mit Worten richtig fertiggemacht hat. Häufig überwältigte sie ihre Angst, und dann sagte sie ihm ärgerlich, was sie von einem Mann hielt, der seinen Job verlor. Dadurch stieß sie ihren Mann nicht nur vor den Kopf, sondern ließ ihn in seiner Situation völlig im Stich. Letztlich gab sie ihm mit ihren Worten die Schuld für die Situation und ließ ihn die Last allein tragen. Ihr Mann rutschte in eine tiefe Depression.

2. In guten und in schlechten Zeiten. Wenn wir heiraten, dann versprechen wir uns, in guten und in schlechten Tagen zusammenzubleiben und füreinander da zu sein. Egal, ob wir reich sind oder arm, krank oder gesund, unser Leben leben wir gemeinsam. In stürmischen Zeiten ist das oft schwer durchzuhalten, aber gerade durch solche Zeiten und Herausforderungen können wir selbst und unsere Ehe besonders wachsen. Sicher wird es Tage geben, an denen Ihr Mann ungenießbar ist und es Ihnen unmöglich erscheint, ihn zu lieben. Vielleicht lässt er seine Bitterkeit ungezügelt an Ihnen aus und verletzt Sie dadurch. Dennoch lohnt es sich, mit ihm durch dieses Tal zu gehen. In den Tälern werden wir mit uns selbst und dem anderen konfrontiert und blicken in unsere Abgründe. Manchmal wollen uns die Schatten in den Tälern überwältigen, und wir wissen nicht mehr weiter. Halten Sie durch, denn durch jedes Tal gibt es einen Weg, und der führt zu einem neuen Gipfel. Nehmen Sie den Kampf auf.

3. Werden Sie sein größter Fan. Ist Ihnen schon einmal aufgefallen, dass treue Fans ihren Klub nie aufgeben? Egal, an welchem Tabellenplatz sie stehen oder wie schlecht das Spiel läuft, eines ist immer sicher: Die Fans stehen hinter ihrem Klub! Sie ermutigen die Spieler.

Sind Sie der größte Fan Ihres Mannes? Kann er sich auf Ihre Unterstützung verlassen? Die ungeklärte Situation im Leben Ihres Mannes ist für Sie eine Möglichkeit, ihm zu zeigen, dass Sie zu ihm stehen. Investieren Sie Ihre Kraft, Liebe und Unterstützung in Ihren Mann, auch wenn er erst einmal nicht aufhört zu trauern und bitter zu sein. Geben Sie nicht auf, auch wenn von ihm nichts zurückkommt.

Eine Bekannte von uns hat sich immer neue Ermutigungen für ihren Mann ausgedacht. Eines Tages sagte sie zu ihm: „Sie haben dich zwar niedergeschlagen, aber nicht k.o. Du und ich, wir haben schon größere Schwierigkeiten gemeistert, und Gott hat uns immer zur Seite gestanden. Ich glaube an dich!“ Es war, als würde ihr Mann aufwachen.

Immer wieder sagte er: „Du hast recht! Sie können mich nicht k.o. schlagen!“ Sie hatte ihn nicht aufgegeben, sondern stand zu ihm. Langsam öffnete er sich wieder und stellte sich seiner Situation, statt sich von ihr zerfressen zu lassen. Er hatte gelernt, dass er sich auf ihre Liebe verlassen konnte – egal, was passierte. Er wusste jetzt, dass er ihr vertrauen konnte. Er fing an, seine Bewerbungen an verschiedene Firmen zu schicken. In der Zwischenzeit arbeitete er aushilfsweise in einem Baumarkt, um wenigstens ein bisschen Geld zu verdienen und um seine Zeit sinnvoll zu nutzen. Es dauerte nicht lange und er fand einen anderen Job, der sehr gut zu ihm passte.

Das Gleiche passierte auch meinem Mann. Eines Tages rief eine Firma aus North Carolina an und machte ihm ein lukratives Angebot. Doch bis dahin ist unsere Ehe gewachsen, und ich wollte die Zeit nicht missen.

4. Geben Sie Ihren Mann nicht auf, egal was passiert. Eine Freundin von uns ist mit einem Mann verheiratet, der über den plötzlichen Tod eines geliebten Menschen depressiv geworden ist. In dieser Depression ist er nun schon mehrere Jahre. Nichts scheint ihn wieder herauszuholen. Manchmal hat er ein paar gute Tage, doch dann wird er von seinem Kummer wieder eingehüllt. Er ist meistens schlecht gelaunt und hat Schlaf- und Konzentrationsschwierigkeiten. Wenn man sich mit ihm unterhält, geht es meist schnell um seinen Verlust. Außerdem weigert er sich, fremde Hilfe anzunehmen.

Die meisten Frauen würden nach einiger Zeit sagen: „Mir reicht's!", „Irgendwann musst du doch darüber wegkommen!" oder „Entweder du suchst dir Hilfe oder ich gehe!" Doch unsere Freundin hat sich dazu entschieden, bei ihm zu bleiben. Sie hat die guten Zeiten mit ihm genossen und will ihn jetzt in den schlechten Zeiten nicht im Stich lassen. In ihrem Fall heißt das, dass ihr Mann immer wieder mit ihr über seinen Kummer reden kann. Obwohl sie es schon so oft gehört hat, hört sie ihm immer wieder zu. Manchmal braucht es Zeit, bis Ihr Mann dafür bereit ist, fremde Hilfe in Anspruch zu nehmen, und Sie müssen zuerst nur für sich Hilfe suchen, denn die brauchen Sie in einer solchen Situation. Ihr Mann braucht Sie dann mehr als je zuvor. Geben Sie ihn nicht auf!

Wenn es für ihn hart auf hart kommt, dann stehen Sie zu ihm.

Teil 3

Über Sie

Das wusste ich nicht!

Es ist toll, eine Frau zu sein.
Wir können uns schminken und schöne Kleider tragen.
Wir können Schuhe kaufen, die gerade reduziert sind,
obwohl sie uns nicht passen.
Wir können etwas zu essen bestellen
und dann unsere Meinung ändern.
Sechs Mal.
Wir können lachen und im nächsten Moment weinen.
Und wir fühlen uns gleich besser, wenn uns jemand in den Arm
nimmt oder wir ein Stück Schokolade essen.

Wer bin ich eigentlich? Haben Sie sich das im Laufe der Jahre nicht auch immer mal wieder gefragt? Vielleicht erinnern Sie sich an die vielen Kindergeschichten über die lieben kleinen Mädchen. Mochten Sie diese Geschichten? Oder wären Sie lieber ein Junge gewesen, weil die sich dreckig machen durften oder sich nicht immer benehmen mussten?

Im folgenden Teil wollen wir uns mit Fragen beschäftigen, die Ihnen sicher nicht fremd sind. Trotzdem wollen wir Sie ermutigen, diese Fragen noch einmal neu zu überdenken. In den letzten zwanzig Jahren haben wir viele Frauen begleitet und mit ihnen gearbeitet. Dadurch haben wir uns mit diesen Fragen besonders intensiv auseinandergesetzt. Vieles von dem, was Sie auf den nächsten Seiten lesen, haben wir durch eigene, schmerzliche Erfahrungen gelernt. Wir wollen auch ein paar Themen behandeln, über die man sonst nicht so viel redet. Was mache ich mit meinen Hormonen? Wie kann ich gegen meine Bitterkeit kämpfen? Kann ich mir ein dickeres Fell zulegen? Was ist, wenn mein Mann meinen Bedürfnissen nicht gerecht wird? Was kann ich tun, um meinem Mann wieder so nahe zu sein wie am Anfang unserer Ehe? Und natürlich auch: Warum redet er nicht mit mir?

Wenn Sie sich diesen Fragen stellen und sich dadurch etwas in Ihnen verändert, dann merken Sie bald, dass Ihre Veränderung auch Ihren Mann beeinflusst. Die Gespräche mit Ihnen machen ihm keine Angst mehr, sondern Spaß. Sie können wieder Scherze machen und zusammen lachen. Wir kennen einen Mann, der sich öffentlich für seine Frau bedankt hat: „Ich kann Ihnen kaum sagen, wie sehr sich meine Frau verändert hat und wie sie dadurch auch mich und unsere Familie beeinflusst hat."

Lassen Sie uns also den Deckel lüften und in den Topf schauen. Sie sind eine Frau, Sie sind eine Tochter, Schwester, Freundin und vielleicht auch eine Mutter. Sie arbeiten, denn alle Frauen arbeiten. Sie haben genug zu tun, doch Sie sind sicher nicht zu beschäftigt, um in die Beziehung zu Ihrem Mann zu investieren und mit ihm zu wachsen.

27. Bereiten Sie den Boden vor

Vor Kurzem habe ich ein Interview mit dem Autor und Redner Dr. Kevin Leman gelesen. Darin macht er einen Vorschlag, wie man die volle Aufmerksamkeit seines Mannes bekommen kann. Ein Mann ist viel eher bereit zu reden, wenn er seiner Frau seine volle Aufmerksamkeit widmet. Um seine Aufmerksamkeit zu erregen, sollte die Frau ein ganz bestimmtes Kleidungsstück von sich zusammen mit einer kleinen Notiz in seine Aktentasche stecken. Doch Dr. Leman geht noch weiter. Wenn sie wirklich seine ungeteilte Aufmerksamkeit braucht, dann sollte sie so etwas schreiben wie: Die Kinder sind heute Nacht bei den Großeltern. Ich freue mich schon auf dich.

Ich (Connie) habe meinem Mann davon erzählt, und er hielt die Idee für absolut großartig.

Am nächsten Tag saß ich vor meinem Computer, als das Telefon klingelte. Es war mein Mann.

„Ich bin immer noch am Suchen", sagte er.

„Was suchst du denn?", fragte ich.

„Du weißt schon ...", antwortete er.

„Nein, keine Ahnung", erwiderte ich. „Über was redest du eigentlich?"

„Ich habe schon meine ganze Aktentasche durchwühlt, um etwas Bestimmtes zu finden. Es ist aber nicht drin!"

„Oh!" Jetzt hatte ich ihn verstanden, und nein, es war nicht drin. „Hör nicht auf zu suchen. Vielleicht wirst du ja in den nächsten Tagen fündig."

„Was ist, wenn ich vorher einen Herzinfarkt habe?", fragte er. „Du solltest nicht zu lange warten."

Die bittere Wahrheit war, dass mein Mann wahrscheinlich einen Herzinfarkt bekäme, wenn er jemals dieses bestimmte Kleidungsstück von mir in seiner Aktentasche fände – weil er nie auf die Idee käme, dass es von mir sei! So langweilig und bieder war ich im Laufe der Zeit geworden. Was für ein Vermächtnis: Sie war eine gute, langweilige, biedere und vorhersehbare Frau. Es war höchste Zeit, etwas zu ändern!

Die Moral von dieser Geschichte ist, dass Sie vorsichtig sein müssen mit dem, was Sie Ihrem Mann erzählen. Aber im Ernst. Sex ist einem Mann sehr wichtig, und er zieht kleine Anspielungen und verführerische Andeutungen dem biederen, direkten und eher unromantischen Weg weit vor. In demselben Interview zitiert Dr. Leman eine Studie, in der Männer und Frauen danach gefragt wurden, was sie am liebsten in ihrer Freizeit tun. Es war nicht überraschend, dass Sex bei Männern an erster Stelle stand. Doch bei den Frauen lag Sex auf Platz vierzehn – direkt nach der Gartenarbeit.

Wenn Sie möchten, dass Ihr Mann mit Ihnen redet, dann müssen Sie sein Bedürfnis und seinen Wunsch nach Sex ernst nehmen. Denn ein Mann, der sich zurückgewiesen fühlt und sexuell frustriert ist, hat überhaupt kein Bedürfnis zu reden.

Oft macht eine Frau den Fehler, dass sie ihrem Mann ihre körperliche Liebe vorenthält und erwartet, dass er sich erst in bestimmten Bereichen ändert. Das bringt mehr Probleme als es löst. Vielleicht bekommt sie, was sie will, aber sie muss dafür einen hohen Preis zahlen. Ihr Mann wird sich jetzt gegen sie und gegen ihre kontrollierende und manipulative Art wehren.

Wenn Sie möchten, dass die Kommunikation in Ihrer Ehe wächst, dann dürfen Sie sein natürliches Verlangen nach Sex nicht gegen ihn verwenden. Doch noch schlimmer ist es, wenn Sie Ihrem Mann Sex so lange vorenthalten, bis er tut, was Sie wollen. Damit untergraben Sie seine Männlichkeit. Er will Sie, seine Prinzessin, erobern und verführen. Wenn Sie aber immer die Kontrolle über Ihre körperliche Nähe haben, machen Sie ihm dadurch deutlich, dass Sie ihn eigentlich gar nicht brauchen. Sie tun es nur ihm zuliebe und nur nach vorherigen Zugeständnissen. All das zerstört sein Verlangen nach Nähe zu Ihnen und trifft ihn in seiner tiefsten Männerseele.

Bei den meisten Frauen hängt die Freude am Sex davon ab, ob sie sich von ihrem Mann geliebt fühlen. Wenn sich eine Frau nicht geliebt fühlt, dann ist sie verständlicherweise nicht begeistert, wenn ihr Mann mit ihr schlafen möchte. Das ist ein ganz sensibler Bereich. Ihrem Ehemann ist oft gar nicht bewusst, dass sie sich geliebt fühlen muss, weil sein Zugang zu Liebe und Sex ein ganz anderer ist. Beim Sex geht es für eine Frau meist mehr um Romantik als um den sexuellen Akt an sich. Für einen Mann geht es häufig viel mehr um den Akt an sich und die tiefe Befriedigung und Freude, die damit verbunden sind.

Wenn ein Mann regelmäßig morgens aufsteht, zur Arbeit geht und genug Geld nach Hause bringt, um die Familie zu ernähren, dann geht er meist davon aus, dass seine Frau sich geliebt fühlt. So zeigt ein Mann seine Liebe. Während Sie also noch darauf warten, dass er Ihnen zeigt, dass er Sie liebt, geht er davon aus, dass er es Ihnen schon sehr deutlich gezeigt hat.

Sagen Sie also nicht einfach nur, dass Sie sich geliebt fühlen wollen. Helfen Sie ihm ein bisschen. Geben Sie ihm Tipps, wie er Ihnen auf Ihre Weise zeigen kann, dass er Sie liebt. Zum Beispiel:

- „Weißt du, mein Schatz, ich fände es schön, wenn du mich öfter mal in den Arm nehmen würdest, ohne dass du dabei gleich Sex willst." Das hört sich vielleicht sehr direkt an, aber denken Sie daran, dass Männer viel direkter sind als Frauen. Sie sind zielorientiert. Ihr direkter Vorschlag ist für ihn deshalb hilfreich.
- „Ich liebe es, wenn du mich von der Arbeit aus anrufst. Dann habe ich das Gefühl, ich bin dir wichtig."
- „Es tut mir so gut, wenn wir Hand in Hand spazieren gehen."
- „Ich fühle mich von dir so wertgeschätzt, wenn du dir meine Meinung anhörst und sie stehen lässt, selbst wenn es nicht deine ist."
- „Was ich mir zum Geburtstag wünsche? Ich fände es schön, wenn du mir eine rote Rose schenkst. Das gibt mir das Gefühl, etwas Besonderes für dich zu sein." Helfen Sie ihm bei besonderen Daten wie Geburtstag oder Ähnlichem. Daran erinnert er sich nicht so gut wie Sie. Manche Frauen machen aus solchen Daten einen „Liebestest". Wenn er den besonderen Tag vergisst, dann liebt er seine Frau nicht wirklich. Auch in diesem Bereich sind Männer einfach anders als Frauen, deshalb ist es wichtig, dass man die Liebessprache des anderen verstehen lernt. Sagen Sie, was Sie fühlen.

Ihr Mann wäre gern Ihr Liebhaber. Helfen Sie ihm, damit er Ihre Liebessprache sprechen lernt.

28. Ein paar Tipps für den Anfang

Sind sexuell erfüllte Männer eher bereit zu reden? Man könnte meinen, dass diese beiden Dinge miteinander verbunden sind.

Auf einem Frauenseminar befragten wir achtzig Frauen nach ihrer Meinung zu dieser Frage. Neunzig Prozent der Frauen sagten, dass ihre Männer kommunikativer sind, wenn sie sich sexuell erfüllt fühlen. Auf einem Männerseminar wurde den Männern dieselbe Frage gestellt. Hier waren es fast hundert Prozent, die sich meldeten. Manche haben wohl sogar beide Hände gehoben. Dadurch wird deutlich, dass sexuelle Erfüllung und gute Kommunikation meistens Hand in Hand gehen.

Vielleicht haben Sie den sexuellen Bereich aus Ihrer Beziehung ausgeklammert. Sie sind mittlerweile völlig desinteressiert geworden und denken am liebsten gar nicht mehr darüber nach. Vielleicht trösten Sie sich aber auch mit dem Gedanken, dass Sie sicher wieder mehr sexuelles Interesse an Ihrem Mann finden würden, wenn er nur bereit wäre, mehr mit Ihnen zu reden.

Das ist die große Herausforderung. Ändern können Sie nur sich selbst, warum also sollten Sie nicht den ersten Schritt gehen, statt darauf zu warten, dass er es tut? Während Sie sich mit dieser Frage beschäftigen, haben wir hier ein paar Tipps für Sie – für die ersten Schritte. Überlegen Sie sich vorher, welcher der folgenden Vorschläge Ihrem Mann am deutlichsten zeigt, dass Sie ihn lieben. Manches würde er vielleicht gar nicht verstehen. Versuchen Sie, sich in Ihren Mann hineinzuversetzen (oder fragen Sie ihn), damit Sie nicht an ihm „vorbeireden“.

1. Verabreden Sie eine Zeit an einem neutralen Ort, an dem Sie über Ihre Beziehung reden können. Während eines Streits ist das oft nicht möglich, weil die Emotionen zu hochkochen. Nehmen Sie sich vor, ehrlich und offen zu sein. Machen Sie Ihrem Mann keine Vorwürfe, sondern zeigen Sie ihm Ihr Interesse und versuchen Sie seinen Standpunkt zu verstehen. Erklären Sie ihm, warum Sie manches von dem verletzt, was er sagt und tut. Oft sind es Dinge, die Sie schon seit der Kind-

heit mit sich herumtragen. Wenn Ihr Mann von diesen Wunden nichts weiß, verletzt er Sie oft, ohne zu merken, dass er es tut.

2. Wenn Sie es allein nicht schaffen, dann suchen Sie sich fremde Hilfe. Oft ist es gut, wenn ein Dritter dabei ist, der das Gespräch begleitet. Es gibt viele ungute Kommunikationsmuster und Missverständnisse, die sich im Laufe einer Beziehung einschleichen, die eine neutrale Person aufdecken kann. Manches, was wir hören, hat unser Partner gar nicht so gesagt – und manches, was wir sagen, hört er völlig falsch.
3. Finden Sie heraus, was Ihren Mann anspricht.
4. Rufen Sie ihn während des Tages an und sagen Sie ihm, dass Sie an ihn denken. Äußern Sie sich positiv über etwas, das er für Sie getan hat.
5. Lachen Sie gemeinsam über alte Zeiten.
6. Blicken Sie auf Ihre gemeinsame Zeit zurück.
7. Freuen Sie sich über seine Stärken – und sagen Sie ihm immer wieder, was Sie an ihm schätzen.
8. Lassen Sie sich von seiner Spontaneität mitreißen und werfen Sie einmal Ihren Plan über Bord.
9. Wenn Sie noch kleine Kinder haben, die vielleicht nachts noch nicht durchschlafen, dann engagieren Sie einen Babysitter, damit Sie mit Ihrem Mann einmal ausgehen können.
10. Planen Sie einen Ausflug – etwas, über das er sich freut.
11. Reservieren Sie ein Hotelzimmer ... zelten Sie im Garten ... schlafen Sie vor dem Kamin.
12. Nehmen Sie sich Zeit für ihn und lassen Sie ihn wissen, dass Sie Zeit haben.
13. Pflegen Sie gemeinsame Interessen, tun Sie wieder Dinge, die Ihnen beiden Spaß machen.
14. Nehmen Sie sich Zeit für romantische Stunden mit Kerzen, Musik oder einem heißen Bad.
15. Pflegen Sie Ihr Äußeres. Achten Sie auch darauf, was Sie zu Hause anziehen. Ihr Mann hört Sätze wie: „Hier sieht ja sowieso keiner, was ich anhabe“ mit ganz anderen Ohren. Machen Sie sich doch nur für Ihren Mann schön. Ziehen Sie sich nur für ihn besonders elegant oder besonders sexy an. Er wird sich freuen.

Nehmen Sie sich Zeit und finden Sie heraus, was er sich von Ihnen wünscht.

29. Lassen Sie Ihr Liebesleben neu erwachen

Wir möchten Ihnen Mut machen, sich neu auf Ihren Mann einzulassen. Die ersten Schritte sind immer schwer, aber es wird leichter und es lohnt sich. Wenn Sie in Ihr Liebensleben investieren, dann merken Sie bald, dass sich dadurch mehr ändert als nur Ihre sexuelle Beziehung. Wir haben in diesem Kapitel ein paar Vorschläge zusammengetragen, die Ihnen eine Hilfe sein sollen. Die Liste ist keineswegs vollständig, sondern soll nur kleine Gedankenanstöße bieten, einmal über etwas Neues nachzudenken. Auch bei diesen Vorschlägen gilt, dass nicht jeder Tipp für jeden Mann geeignet ist. Überlegen Sie, was für Ihren Mann am besten passt.

1. Versuchen Sie sich während des Tages kurz hinzulegen oder auszuruhen, damit Sie abends nicht so müde sind.
2. Wenn Sie nicht zu Hause arbeiten, dann nehmen Sie sich die Rückfahrt als Ruhepause. Hören Sie entweder entspannende Musik oder lassen Sie das Radio ganz aus. Eine ruhige Autofahrt kann durchaus sehr entspannend sein.
3. Reden Sie nicht mit anderen über Ihr Liebesleben. Das geht keinen etwas an, besonders dann nicht, wenn Sie mit Ihrem Mann nicht zufrieden sind. Wenn er es erfährt, dann wird er es als Vertrauensbruch empfinden. Ihr Liebesleben ist eine Sache zwischen Ihnen und Ihrem Mann. Es gibt Zeiten, in denen man nicht weiterkommt und Hilfe braucht. Dann sollten Sie sich genau überlegen, wo Sie Hilfe suchen.
4. Manche Paare sehen sich gern gemeinsam einen Liebesfilm an. Dann leihen Sie sich doch einmal einen alten Schwarz-Weiß-Film aus und schauen Sie ihn bei Kerzenlicht.

5. Sagen Sie Ihrem Mann deutlich, was Ihnen gefällt: „Ich mag es besonders, wenn du dieses oder jenes tust." Männer freuen sich über solche Hinweise. Dann weiß er nämlich, dass er etwas für Sie tun kann, was Sie besonders mögen. Dadurch wird Ihr Liebesleben auch für Sie viel attraktiver. Vielleicht ist Ihr Mann kein großartiger Liebhaber. Dann helfen Sie ihm dabei. Ihre Ermutigung und Hilfe können ihm zeigen, wie er für Sie der beste Liebhaber werden kann, aber das braucht Zeit. Solche Gespräche kosten oft viel Überwindung, denn es ist eben ein sensibler Bereich. Doch im Lauf der Jahre entwickeln Sie gemeinsam Ihre eigene körperliche und emotionale „Landkarte". Jede Frau ist anders, und jeder Mann ist anders. Doch wenn Sie sich gegenseitig helfen, dann bekommt Ihre Karte viele besondere Orte und Plätze, Orte voller Nähe und Spaß, die Sie gemeinsam genießen können.
6. Vielleicht ist es in Ihrem Liebesleben in den letzten Jahren etwas langweilig und vorhersehbar geworden. Machen Sie die ersten Schritte und hauen Sie die ersten Steine aus den Mauern zwischen Ihnen.
7. Lassen Sie ihn durch kleine Anspielungen indirekt wissen, wann Sie Lust auf ihn haben. Wir haben eine gute Freundin, die ein blaues Strumpfband an einen Bettpfosten hing. Ihr Mann bemerkte die Anspielung, und heute liebt er blaue Strumpfbänder. Überlegen Sie sich Ihre eigene persönliche Liebessprache, die nur Sie beide verstehen.
8. Fragen Sie ihn, was er sich wünscht. Versuchen Sie sich einmal darauf einzulassen. Ergreifen Sie die Initiative. Und dann schauen Sie, was passiert.
9. Abwechslung bringt neuen Wind in Ihr Liebesleben. Seien Sie kreativ.
10. Sparen Sie ein bisschen Geld, und verbringen Sie eine Nacht oder ein Wochenende in einem Hotel. Es belebt das Gespräch sehr, wenn man einmal ohne Kinder den Abend verbringt und sich aufeinander konzentrieren kann.
11. Rufen Sie ihn bei der Arbeit an. Laden Sie ihn zu einer „romantischen Verabredung" zu Hause ein.
12. Wenn Sie sich besonders nahe sind, dann sagen Sie ihm, was

er Ihnen bedeutet und wie gut er Ihnen tut. Er wird Ihr Lob sehr schätzen.

13. Wenn Ihr Mann Ihnen schon während des Tages zeigt, wie sehr er sich auf den Abend mit Ihnen freut, dann schauen Sie ihm doch ab und zu mit einem „Ich-kann-es-kaum-abwarten,-bis-die-Kinder-im-Bett-sind"-Blick tief in die Augen.
14. Ihr Mann hat vielleicht nicht das Aussehen eines Filmstars. Trotzdem kann er in Ihren Augen gut aussehen. Schauen Sie ihn doch einmal bewundernd an. Das ist ein großes Kompliment.
15. Überraschen Sie ihn in der Dusche oder wenn er nackt im Bad steht, und pfeifen Sie dann anerkennend oder sagen Sie ihm, was Sie besonders sexy finden.
16. Zeigen Sie ihm durch Ihre Küsse, wie gern Sie ihn berühren. Es gibt mehrere Arten von Küssen – Sie kennen den Unterschied und er kennt ihn auch. Ein Kuss sagt oft mehr als tausend Worte.

Vertreiben Sie die Langeweile und die Vorhersehbarkeit.

30. Dinge, die Sie vermeiden sollten

Beim Thema Sex ist es wichtig, dass man sich auch über die Fallen Gedanken macht, in die man so schnell geraten kann.

Vermeiden Sie Situationen, in denen Sie die vorsichtigen oder auch direkten Annäherungsversuche Ihres Mannes zurückweisen, obwohl Sie sich zunächst für eine Weile darauf eingelassen haben. Wenn Sie sich nicht gut fühlen, oder wenn etwas an dem Tag vorgefallen ist, das körperliche Nähe für Sie unmöglich macht, dann lassen Sie das Ihren Mann sofort wissen. Achten Sie jedoch auf die Art, wie Sie es sagen. Es ist wichtig, dass Ihr Mann merkt, dass Ihre Zurückweisung nicht an ihm liegt. Ersparen Sie Ihrem Mann die Demütigung einer Abweisung, wenn Sie schon vorher wissen, dass er heute keinen Erfolg haben wird. Denn wenn so etwas häufiger vorkommt, dann lässt das sexuelle Interesse Ihres Mannes an Ihnen nach, und seine Frustration und Ablehnung Ihnen gegenüber wird stärker. Da der sexuelle Bereich ein sehr sensibler Punkt bei Männern ist, gibt er es vielleicht bald ganz auf, sich Ihnen überhaupt noch körperlich zu nähern. Er zieht sich zurück und reagiert oft sogar ziemlich schroff. Vielleicht sieht er sich sogar irgendwann nach anderen Möglichkeiten um.

Eine Freundin von uns, die noch sehr kleine Kinder hat, ist meistens mental und körperlich völlig erschöpft, wenn die Kinder abends im Bett liegen. Trotzdem möchte sie ihrem Mann gerne die körperliche Nähe geben, die er braucht. „Bitte erwarte heute Abend nicht zu viel von mir", sagt sie ihm manchmal. „Ich kann dir nichts versprechen. Ist das okay für dich?" Auf diese Weise sagt sie ihrem Mann, dass sie die körperliche Nähe gerne will, aber vielleicht nicht so leidenschaftlich ist, wie das zu anderen Zeiten der Fall ist.

Es kann aber auch sein, dass gerade dann, wenn Sie völlig erschöpft sind und Sie sich trotzdem auf ihn einlassen, er Ihnen einmal die Kontrolle sanft entzieht und Sie verwöhnt. Dann können Sie sich einfach fallen lassen. Das heißt nicht, dass Sie es einfach über sich ergehen lassen. Sich fallen lassen bedeutet viel mehr, dass man sich völlig darauf einlässt. Wenn Ihr Mann weiß und spürt, dass Sie seine körperliche Nähe wollen und brauchen, dann ist es ihm oft gar nicht so wichtig, wie initiativ und leidenschaftlich Sie sind. Vielleicht werden Sie im Laufe der Zeit sogar merken, dass Ihnen Sex gerade in den anstrengendsten Zeiten Ihres Lebens guttut.

Ein Mann möchte nicht, dass seine Frau die körperliche Liebe einfach „über sich ergehen" lässt, weil sie sich dazu verpflichtet fühlt. Er hofft, seine Frau mit seiner Liebe und seiner körperlichen Nähe glücklich zu machen und zu sehen, dass sie es genauso genießt wie er. Obwohl eine einseitige sexuelle Begegnung sein rein physisches Verlangen nach Sex erfüllt, hinterlässt sie doch ein leeres und hoffnungsloses Gefühl. Wahrscheinlich hinterfragt er dann auch seine Fähigkeiten als Mann. Irgendwie scheint ein Mann seine Männlichkeit daran festzumachen, wie sehr seine Frau sexuell auf ihn reagiert und ob er sie sexuell befriedigen kann. Bestätigen und ermutigen Sie Ihren Mann deshalb immer wieder in seiner Rolle als Ihr Liebhaber. Er wird sich darüber mehr freuen, als Sie es sich vorstellen können.

Viele von Ihnen werden jetzt sagen, dass Ihre sexuelle Beziehung nicht verbessert werden kann, solange Ihre Kommunikation nicht besser geworden ist. Das stimmt einfach nicht. Wenn Sie sich entscheiden, in die sexuelle Beziehung zu Ihrem Mann zu investieren, dann ist es sehr wahrscheinlich, dass sich Ihre Kommunikationskanäle fast wie von selbst wieder oder vielleicht zum ersten Mal öffnen.

Lassen Sie sich auf ihn ein.

31. Lassen Sie sich nicht zu sehr von Ihren Hormonen bestimmen

Manchmal sind es nur die berüchtigten monatlichen Hormone, die Ihren Mann davon abhalten, Ihnen nahe zu kommen oder auch nur mit Ihnen zu reden.

Ihr Mann merkt es wahrscheinlich immer, wenn Ihre Periode kurz bevorsteht. Sicherlich hat er nur eine dunkle Ahnung, was da mit Ihnen passiert und was sich dadurch verändert. Gehen wir doch einmal einen Monat durch und schauen uns an, wie die Hormone eine Frau beeinflussen. Natürlich ist dieser Zyklus bei jeder Frau ein bisschen anders. Sie können sich ja einmal einen oder mehrere Monate selbst beobachten und dann Ihre eigene Monatsbeschreibung zusammenstellen.

1. Woche: Sie beginnt am ersten Tag der Periode. Die Frau strotzt vor Energie und es gibt nichts, was sie nicht tun kann. Sie steht früh auf, ist fröhlich und macht eine Liste, was für den Rest des Jahres noch zu tun ist. Für heute hat sie sich vorgenommen, nicht nur das Haus, sondern auch den Dachboden und den Keller aufzuräumen und sauberzumachen – damit will sie bis zum Mittagessen fertig sein. Sie schafft so viel an diesem Tag, dass sie selbst überrascht ist.

Sie liebt ihr Haus oder ihre Wohnung. Obwohl es eher klein ist, erinnert es sie doch an ein schnuckeliges englisches Landhaus, und sie würde es um nichts in der Welt hergeben. Vielleicht nimmt sie sich vor, an diesem Tag ein paar kleine Platzdeckchen für die Kommoden im Wohnzimmer zu häkeln. Sähen die nicht wunderschön unter den Orchideen aus?

Ihre Kinder sind kleine Engel, und ihr Mann ist Superman. Sie zaubert ein Sieben-Gänge-Menü zum Abendessen, und ihre Familie ist begeistert. Das Leben ist wundervoll. Nichts muss sich je ändern. Sie bleibt bis Mitternacht auf und plant, was sie am nächsten Tag alles schaffen will.

2. Woche: Auch in der zweiten Woche fließt noch viel Energie durch den Körper der Frau, doch sie reduziert ihren Fokus auf spezielle Dinge, statt alles gleichzeitig zu machen. Sie steht immer noch früh auf und plant ihren Tag, aber sie strukturiert sich ein bisschen mehr als vorher. Ihre Liste ist jetzt realistischer; sie will an diesem Vormittag nur die Badezimmer putzen und die Waschküche aufräumen. Außerdem gönnt sie sich eine halbe Stunde auf der Veranda und genießt die Sonne. Danach geht sie durch den Garten und riecht an den Blumen vor dem Haus. Dabei träumt sie von den Tagen, die vor ihr liegen. Sie ist innerlich ausgeglichen und ruhig.

Sie beschließt, kleine Tischdecken zu nähen, statt Platzdecken zu häkeln. Das dauert nicht so lange und sieht trotzdem schön aus.

Die Kinder sind immer noch toll, und auch ihr Mann ist immer noch klasse. Sie zaubert ein Vier-Gänge-Menü zum Abendessen, und das Leben fließt angenehm dahin. *Ich kann mich wirklich glücklich schätzen*, denkt sie.

3. Woche: Ihre Energie nimmt stetig ab, und ihr Enthusiasmus für das Leben ist verschwunden. Das Aufstehen fällt ihr zunehmend schwerer, und die Vormittage sind nicht mehr so leicht zu ertragen. Irgendwie scheint sie überhaupt nichts mehr geschafft zu bekommen. Was vor zwei Wochen in zehn Minuten erledigt war, dauert jetzt Stunden.

Ihr Sohn hat beim Frühstück sein Marmeladenbrot auf ihren frisch gewischten Boden fallen lassen, und sie hätte sofort losheulen können. Sie ist sauer auf ihn, weil er das Brot nicht mit beiden Händen festgehalten hat, obwohl sie es ihm schon so oft gesagt hat.

Sie fühlt sich müde und wünscht sich nichts mehr als einen Mittagsschlaf. Die Kinder gehen ihr auf die Nerven – sie wollen plötzlich ständig etwas von ihr. Sie wünscht sich, dass ihr Superman mal einen Kurs macht, wie man Kleinigkeiten im Haus selbst reparieren kann.

Zum Abendessen gibt es einen schnellen Auflauf und zum Nachtisch Dosenobst. Sie kann es kaum abwarten, bis die Kinder im Bett sind, damit sie sich endlich in die Badewanne legen und danach im Bett verschwinden kann.

4. Woche: Das ist die Woche vor der Periode. Die Anspannung steigt, und die Nerven liegen blank. Sie hat nur noch einen Nerv, der nicht völlig verbraucht ist, und auf dem scheinen ihr Mann und ihre Kinder ständig herumzuhopsen. Nur wenn sie in der Schule und an der Arbeit sind, fährt sie ihre Kinder und ihren Mann nicht ständig an. Sie hat Kopfschmerzen, und die Tage scheinen nie zu Ende zu gehen. Sie hat das Gefühl, dass sie keine Energie mehr für irgendetwas hat. Alles kostet so viel Kraft. Ihr Körper fühlt sich an und sieht so aus, als ob er zweihundert Kilo wiegt. Nichts scheint ihr mehr zu stehen, selbst ihre Lieblingshosen sehen schrecklich aus.

Sie ist völlig erschöpft und würde sich am liebsten aus dem Leben zurückziehen. Sogar ihre besten Freunde gehen ihr auf die Nerven. Wenn sie sich im Haus umschaut, fragt sie sich, wann sie sich endlich ein größeres Haus leisten können. Hier drin wird sie sicher bald verrückt.

Heute Abend gibt es schon zum dritten Mal nacheinander Hawaii-Toast. Wenn sich jemand darüber beschwert, sagt sie ihm, er könne ja selbst kochen. Sie geht früh ins Bett. Das Leben scheint so kompliziert zu sein.

Einige Tage später beginnt ihre Periode. Sie wacht mit einem erneuten Gefühl von Energie und Sinn auf, und der Kreislauf beginnt von vorne. Sie ist wieder an dem Punkt, an dem sie das ganze Haus putzen, den Flur neu streichen und die Küche tapezieren will – alles in zwei Stunden. Das Leben ist so wunderschön.

Die Achterbahn der Hormone! Was kann man da nur tun? Wir wollen ein paar Vorschläge machen:

- Beobachten Sie sich einmal selbst und versuchen Sie herauszufinden, wie Ihr eigener Zyklus abläuft (bei den meisten Frauen wird es wohl kaum so krass sein, wie eben beschrieben).
- Machen Sie sich bewusst, wann Ihre depressiven Zeiten sind, und bereiten Sie sich darauf vor.
- Versuchen Sie, auf Ihre Worte und Handlungen zu achten, wenn Ihre Hormone toben.
- Nutzen Sie Ihre Hoch-Zeiten aus – so wie die Tiere den Sommer nutzen, um den Winter zu überleben.
- Erwarten Sie in Ihren harten Zeiten nicht zu viel von sich.
- Ruhen Sie sich aus.
- Frieren Sie ein paar Sachen ein, wenn Sie Spaß am Kochen haben, damit Sie ein gutes Essen haben, wenn Sie sich nicht nach Kochen fühlen.
- Erinnern Sie sich immer wieder daran, dass die schlechten Zeiten bald wieder vorbei sind.
- Ernähren Sie sich gesund, und versuchen Sie der Versuchung zu widerstehen, wahllos Schokolade und Fastfood in sich hineinzustopfen.
- Wenn die Zeiten, in denen Sie sich depressiv fühlen, zu lange dauern, dann fragen Sie Ihren Arzt, was Sie dagegen tun können.
- Nehmen Sie sich täglich ein paar Minuten für sich, um zur Ruhe zu kommen. Oft reicht das in den harten Zeiten, um weitermachen zu können, und in den energiegeladenen Zeiten, um wieder auf den Boden zu kommen.

Hormone beeinflussen das Leben jeder Frau, und Sie tun sich selbst einen Gefallen, wenn Sie mehr darüber lernen, welche Auswirkungen Ihre Hormone auf Ihr Leben und auf Ihre Ehe haben. Vielleicht suchen Sie sich ein gutes Buch, in dem der monatliche Zyklus und die Wirkung der einzelnen Hormone genauer erklärt wird. Es gibt auch Bücher, die sich mit den Wechseljahren und den damit zusammenhängenden Veränderungen beschäftigen. Oft brauchen wir fremde Hilfe, um uns selbst besser zu verstehen.

Stellen Sie sich auf Ihren Zyklus und Ihre Hormone ein, damit Sie vorbereitet sind.

32. Ihre Unzufriedenheit wirkt sich auf Ihren Partner aus

Wussten Sie schon, dass Ihr Mann sich verantwortlich fühlt, wenn Sie unglücklich oder unzufrieden sind? Egal, ob es etwas mit ihm zu tun hat oder nicht. Er hat das Gefühl, dass es Teil seiner Rolle als Ehemann ist, sicherzustellen, dass Sie glücklich sind. Wenn Sie unglücklich sind, dann hat er versagt.

Viele Frauen bemerken diesen Zusammenhang gar nicht, weil es ihnen selbst nicht so geht. Wenn der Ehemann unzufrieden oder unglücklich ist, dann nimmt seine Frau das meist nicht persönlich oder denkt, es sei ihre Schuld. Männer verinnerlichen das unglückliche Gefühl ihrer Frauen, während Frauen das ihren Männern gegenüber nicht tun. Deshalb hilft es Ihrem Mann sehr, wenn Sie ihm sagen: „Es hat absolut nichts mit dir zu tun, dass ich mich gerade so unglücklich und unzufrieden fühle." Ein Satz wie dieser ist für Ihren Mann wichtig, denn dann fühlt er sich für Ihre Unzufriedenheit nicht verantwortlich.

Vor ein paar Tagen hat mich (Connie) eine Freundin angerufen, um mir zu erzählen, dass sie gerade sehr traurig ist. Die Beziehung zu ihren Kindern ist momentan nicht so einfach, und an der Arbeit läuft alles schief. Dadurch ist sie zu Hause oft gereizt und traurig. Ich fragte sie, wie ihr Mann damit umginge. Sie sagte: „Er hat sich in seinen Panzer zurückgezogen."

Ich fragte weiter, ob sie sich bewusst sei, dass ihr Mann ihre Unzufriedenheit und Traurigkeit persönlich nehmen würde. So etwas hatte sie noch nie gehört. Deshalb habe ich sie ermutigt, ihren Mann einmal danach zu fragen. Das hat sie getan und war sehr überrascht, als sie merkte, dass es stimmte. Er sagte ihr: „Wenn du unglücklich bist, dann fühle ich mich verantwortlich – es ist, als ob ich etwas nicht tue, das ich eigentlich tun sollte."

Wenn Sie unglücklich sind, dann versucht ein Mann normalerweise nicht herauszubekommen, was gerade schiefläuft. Stattdessen zieht er sich wahrscheinlich eher zurück, schweigt und wartet darauf, dass Sie selbst damit fertig werden. Männer sind Problemlöser, aber unsere Traurigkeit ist ein Problem, mit dem sie nichts anfangen können.

In diesem Bereich können Sie Ihrem Mann sehr helfen. Es gibt immer Phasen, in denen wir uns unglücklich und traurig fühlen. Meistens kommt dann aber ein bestimmter Punkt, und wir erinnern uns an die guten Seiten des Lebens. Dann geht es wieder aufwärts.

Stellen Sie sich jedoch einmal vor, wie es wäre, wenn Ihr Mann ständig in solch einer Phase lebte. Er seufzt, hat einen traurigen Hundeblick und fühlt sich auch überall ungerecht behandelt oder übergangen. Mit so einem Menschen lebt man nicht gern zusammen. Für unsere Männer gilt dasselbe. Es ist sehr belastend, mit einem Partner zusammenzusein, der sich ständig beschwert oder sich selbst bemitleidet, weil ihm alle so übel mitspielen. Vielleicht wünscht er sich auch, dass sein Leben anders wäre, und doch macht er weiter.

Wenn eine solche Phase lange dauert und Ihr Leben und Ihre Beziehung belastet, dann sollten Sie sich Hilfe suchen – entweder bei einer Freundin oder vielleicht auch bei einem Arzt oder Psychologen. Denn auf Dauer macht ein Partner, der immer depressiv ist, sich beschwert und unzufrieden ist, eine Beziehung kaputt.

Helfen Sie Ihrem Mann, mit den Zeiten umzugehen, in denen Sie unglücklich sind, damit sich nicht jeder in seinen eigenen kleinen geschützten Panzer zurückzieht.

Lassen Sie sich Ihre Freude am Leben nicht zerstören.

33. Was mache ich nur mit diesen Gefühlen?

Jetzt werden Sie vielleicht fragen: „Wenn ich mir nun wünsche, dass mein Mann mit mir spricht, darf ich ihm dann auch erzählen, wie ich mich fühle, oder muss ich das in mich hineinfressen?“

Natürlich können Sie ihm erzählen, wie Sie sich fühlen. Gefühle in sich hineinzufressen ist genauso ungesund wie unkontrollierte hysterische Gefühlsausbrüche. Das wirklich Schwierige ist nur, zu lernen, wie man dem Mann seine Emotionen mitteilt, ohne ihm das Gefühl zu geben, dass man ihn angreifen oder ihm die Verantwortung dafür zuschieben will.

Bevor Sie mit ihm reden, sollten Sie sich deshalb Zeit nehmen, um herauszufinden, was Sie wirklich beschäftigt. Oft versperren Gefühle und Emotionen die Sicht auf das eigentliche Thema. Wenn Sie das jedoch gefunden haben, suchen Sie sich eine Zeit für das Gespräch, in der Sie nicht abgelenkt sind, unterbrochen werden können oder Termindruck auf Ihnen lastet. Vielleicht können Sie eine Freundin bitten, solange auf die Kinder aufzupassen, oder Sie bezahlen einen Babysitter.

Versuchen Sie sich daran zu erinnern, dass Ihr Mann Ihre Gedanken und Gefühle nicht lesen kann. Sie müssen sie ihm mitteilen und können dadurch Ihrem Mann helfen, Sie besser zu verstehen. Vielleicht ist es ein Anfang, wenn Sie ihm ein paar grundlegende Dinge erklären:

1. „Wenn du merkst, dass ich traurig bin, dann ist das meistens auch so. Frag mich mehr als einmal, ob irgendetwas nicht stimmt. Ich weiß, das hört sich für dich fremd an, doch manchmal sage ich nicht automatisch, was mich beschäftigt. Wenn du mich öfter fragst, dann habe ich das Gefühl, es interessiert dich wirklich."
2. „Versuch nicht, meine Probleme zu lösen, wenn ich traurig oder verletzt bin. Sei einfach nur für mich da und hör mir zu. Das ist das Beste, was du tun kannst."
3. „Sag mir, dass du mich liebst. Halte meine Hand. Schau mich an. Egal, was mich gerade beschäftigt – durch solche Kleinigkeiten fühle ich mich gleich besser."
4. „Wenn ich mich dann immer noch zurückziehe oder komisch reagiere, dann nimm es bitte nicht persönlich."
5. „Sag einfach: ‚Ich würde dir gerne helfen, weiß aber nicht, was ich tun kann. Was könnte ich tun, damit es dir besser geht?' Wenn ich dann sage: ‚Nichts', dann frag mich später noch einmal."

Wenn Sie Ihrem Mann diese Punkte gesagt haben, wird er Sie immer noch nicht durch und durch verstehen, doch Sie haben ihm dadurch ein paar wichtige Tipps gegeben.

> Wenn Sie kurz vor einem Gespräch mit Ihrem Mann über ein heikles oder strittiges Thema ein „Heute-werden-Köpfe-rollen"-Gefühl haben, dann sollten Sie am besten nichts sagen!

34. Erkennen Sie Ihren familienspezifischen Kommunikationsstil

Wenn Sie es zulassen, kann ein Abend durch viele seltsame Dinge ruiniert werden – zum Beispiel durch eine ehrliche Bemerkung Ihres Mannes, der sich in einer Weise ausdrückt, die Ihnen und Ihrem Elternhaus fremd ist.

Jede Familie entwickelt ihren eigenen Kommunikationsstil, ihre eigene Sprache. Man kann den ahnungslosen Ehemann nur bemitleiden, der plötzlich herausfindet, dass seine frisch angetraute Ehefrau bei bestimmten Bemerkungen, die in seiner Familie ganz normal waren, sehr gereizt und verletzt reagiert.

Wir beobachten und erforschen dieses Phänomen schon seit Jahren und können nur sagen: Ihr Mann wird seinen Kommunikationsstil nicht ablegen!

Schon früh in meiner (Nancys) Ehe fiel mir der Fachjargon meines Mannes immer wieder auf. Die Art, wie er sich ausdrückte, war bald ein zentraler und störender Punkt für mich. Das merkte mein Mann natürlich, und es belastete ihn. Seine Worte sind mir immer noch deutlich im Gedächtnis: „Ich weiß einfach nicht, wie ich mit dir reden soll!"

Er hatte recht. Ich erinnere mich noch gut daran, wie ich mich immer wieder gefragt habe, warum er nicht wie mein Vater, meine Mutter und meine Schwester mit mir reden konnte.

Bis heute reden meine Schwester und ich so etwas wie eine Fremdsprache miteinander, wenn wir uns sehen. Ich glaube, mein Vater hat uns das beigebracht. Ich weiß nicht mehr genau, wie wir diese Sprache gelernt haben oder wann wir herausgefunden haben, dass wir sie sprechen. Doch ich bin überzeugt, dass wir nicht die einzige Familie mit einem Kommunikationsstil sind, den angeheiratete Familienmitglieder weder durchschauen noch verstehen können.

Ich möchte das an einem Beispiel illustrieren. Wenn ich meine Schwester Christine besuche, dann ist alles für meine Ankunft vorbereitet. Mein Zimmer ist dekoriert mit frischen Blumen, und irgendwo steht ein Geschenk für mich. Sie umsorgt und bedient mich, als wäre ich eine Prinzessin. Ich muss zugeben, dass ich es sehr genieße. Wenn sie zu mir kommt, dann behandele ich sie genauso.

Wenn ich zum Beispiel sage: „Ist es nicht gemütlich warm hier drin?“, dann schaut sie mich erschrocken an und ruft: „Dir ist zu heiß! Warum hast du mir das nicht gleich gesagt?“

Wenn sie sagt: „Hast du Lust auf Kino? Gerade läuft ein Film, bei dem der Aufstieg auf den Mount Everest simuliert wird.“

Alles, was ich dazu sagen muss, ist: „Das hört sich interessant und ein bisschen aufregend an.“

Sofort antwortete sie: „Oh. Du hast ja Höhenangst – natürlich gehen wir da nicht hin. Ich habe das ja total vergessen. Das letzte Mal, als wir einen Film über einen Hubschrauberflug über den Grand Canyon gesehen haben, hast du dich krampfhaft an einem Pfosten im Kino festgehalten!“

Meine Schwester und ich unterhalten uns oft so. Manchmal fange ich an, manchmal sie. Jetzt stellen Sie sich vor, wie schwer es für meinen Mann wäre, so etwas zu lernen. Allein bei dem Gedanken muss ich schon schmunzeln. Ich gebe ihm nun schon jahrelang Unterricht in Schwesternsprache, doch es interessiert ihn einfach nicht.

Ich erinnere mich noch daran, wie ich meinen Mann an einem schönen, sonnigen Tag gefragt habe: „Als du noch ein kleiner Junge warst, hast du dich dann manchmal auf den Rücken ins Gras gelegt, die Formen der Wolken beobachtet und gedacht: Die da sieht aus wie eine Katze, oder die da drüben sieht aus wie ein Boot, das auf den Wellen schaukelt?“

Er antwortete mir: „Nein, wir hatten viel zu viel zu tun auf unserer

Farm. Wir mussten jeden Tag hart arbeiten, um genug zum Leben zu haben. Ich lag höchstens manchmal auf dem Boden, um an einem Baum hochschauen zu können. Dort habe ich oft Eichhörnchen oder Waschbären gefangen, damit wir etwas zum Abendessen hatten!“

Nach so einer Antwort habe ich oft gedacht: Was für ein Spielverderber! Doch er hat eigentlich nur ehrlich meine Frage beantwortet.

Warum sagen wir oft nicht einfach, was wir denken? Und warum können wir nicht einfach akzeptieren, was unsere Ehemänner sagen und wie sie es sagen? Es ist sicher keine Untertreibung, wenn wir hier behaupten, dass das ein wichtiges Thema für Ihren Mann ist. Beobachten Sie einmal, wie Sie darauf reagieren, wie Ihr Mann auf Ihre Fragen und Gesprächsthemen antwortet.

> Bestehen Sie nicht darauf, dass Ihr Mann so redet und reagiert wie Sie, sondern versuchen Sie das große Potenzial in Ihrer Unterschiedlichkeit zu sehen.

35. Kontrollieren Sie Ihren Mann nicht

Kontrolle ist ein Thema, mit dem Frauen schon immer kämpfen. Wenn Sie die Beziehung zu Ihrem Mann wieder neu aufbauen wollen, dann gibt es einen guten, wenn auch sehr schwierigen Weg. Hören Sie auf damit, Ihren Mann, Ihre Kinder und all die anderen Dinge zu Hause zu kontrollieren. Das hört sich leichter an, als es ist. Wir haben es nun mal gern, wenn die Dinge so getan werden, wie wir das wollen, oder?

Mein (Connies) Mann hat früher immer gesagt, dass ich jedes Mal eine völlig andere Person werde, wenn wir in unsere Einfahrt fahren. Meine normalerweise eher entspannte Persönlichkeit machte sich aus dem Staub, und meine Oberbefehlshaberpersönlichkeit nahm ihren Platz ein. Mein Mann hasste das. Ich hatte bestimmte Vorstellungen, wie bestimmte Dinge getan werden sollten. Außerdem war ich der festen Überzeugung, dass meine Art der meines Mannes bei Weitem überlegen war.

Wenn er mir half, unsere kleinen Töchter anzuziehen, dann konnte ich einfach nicht verstehen, wie er ein rosa T-Shirt mit einer grünen Hose kombinieren konnte.

Wenn er mir in der Küche half, erwartete ich, dass er jeden Spritzer wegwischte – natürlich sofort. „Der Tropfen hat noch nicht einmal den Boden berührt, da sagst du mir schon, dass ich ihn aufwischen soll", sagte er mir oft.

Wenn er duschte, dann wollte ich hinterher keine nassen Handtücher herumliegen haben. Sie sollten ordentlich über dem Handtuchhalter hängen, und zwar nicht gefaltet, denn sonst dauerte es so lange, bis sie trocken waren.

Unser Kalender sollte immer wieder an seinen Platz zurückgelegt werden, zusammengeknüllte Socken wurden in der Wäsche nicht geduldet, und die Fernbedienung und das schnurlose Telefon sollte man nie suchen müssen.

Der Toilettendeckel sollte immer unten sein, die schmutzige Wäsche sollte ordentlich auf einem Haufen liegen, die Zeitung morgens gleich hereingeholt und der Hund rechtzeitig hinausgelassen werden. Ich hatte für alles eine Regel!

Ich hatte mein eigenes kleines Kontrollzentrum und war der Chef.

„Warum suchst du immer nach deinem Schlüssel? Wenn du ihn immer an seinen Platz hängen würdest, dann bräuchtest du ihn auch nicht zu suchen."

„Wir könnten so viel Geld sparen, wenn wir mit dem Auto in den Urlaub fahren würden, statt zu fliegen."

„Warum willst du schon wieder ins Kino? Da sitzt man nur herum und starrt auf eine Leinwand. Ich möchte nicht ins Kino, ich will viel lieber mit dir reden."

Kein Wunder, dass mein Mann ins Kino wollte. Er wollte meiner Kontrolle entfliehen. Mir fiel es wie Schuppen von den Augen, als ich verstanden habe, wie viele unserer Gespräche sich um meine Versuche drehten, ihn in die richtige Form zu pressen.

Ihr Mann redet viel eher mit Ihnen, wenn er sich nicht kontrolliert und manipuliert fühlt. Wenn er eine kontrollierende Mutter hatte, dann hat er besonders sensible Rezeptoren für Kontrollversuche und wehrt sich dagegen. Dann ist es für Sie schwerer, an ihn heranzukommen, und es wird Sie viel Geduld kosten, ihn davon zu überzeugen, dass Sie ihn nicht (oder nicht mehr) kontrollieren wollen. Sie müssen sich immer wieder hinterfragen und auf der Hut sein, damit Sie nicht wieder in alte kontrollierende Verhaltensmuster zurückfallen.

Machen Sie sich immer wieder bewusst, dass Sie einen anderen Menschen nicht kontrollieren können. Es ist eine gesunde Reaktion, wenn der andere sich dagegen wehrt. Doch jeder Mensch wehrt sich auf eine andere Weise. Wenn Sie Ihr Kontrollbedürfnis aufgeben, dann werden Sie frei, andere so zu nehmen, wie sie sind. Doch unser Kontrollbedürfnis offenbart auch unsere große Not. Kontrolle ist ein Weg, mit den eigenen inneren Ängsten umzugehen. Durch unser kontrollierendes Verhalten geben wir uns der Illusion hin, unser eigenes Leben und das unserer Lieben in der Hand zu haben. Wenn wir uns nur genug anstrengen, dann können wir uns schützen und unsere Lebensumstände lenken. Doch jeder weiß, wenn er ehrlich ist, dass das nicht stimmt. Ein anderer Weg, mit unseren Ängsten umzugehen, ist das Vertrauen. Vertrauen in den anderen, Vertrauen auf das Leben, und Vertrauen auf Gott, der unser Leben in der Hand hält. Und auch das Vertrauen darauf, dass das Leben weitergeht, selbst wenn Dinge passieren, die uns nicht passen. Oft sind solche „unvorhergesehenen" Vorfälle große Möglichkeiten für Veränderung, Neuorientierung oder Vertiefung.

Wenn Sie die Kontrolle abgeben, dann kann das bei Ihrem Mann durchaus dazu führen, dass er sich Ihnen gegenüber wieder öffnet, weil er merkt, dass Sie ihn nicht mehr verändern wollen. Sie werden überrascht sein, wie gut das Leben funktioniert, selbst wenn Sie die Zügel aus der Hand geben.

Lassen Sie los und genießen Sie die Freiheit!

36. Hören Sie auf, ihn zu bemuttern

Wenn Sie Ihren Mann möglichst schnell zum Schweigen bringen wollen, dann bemuttern Sie ihn. Kein Mann mag es, von seiner Frau bemuttert zu werden – eine Mutter reicht ihm.

Ich (Connie) kann mich noch gut an die Antwort meines Mannes erinnern, als ich ihn eines Tages gefragt habe, was er an mir verändern würde, wenn er sich nur eine Sache wünschen dürfte. Ohne auch nur mit der Wimper zu zucken, sagte er: „Ich würde mir wünschen, dass du aufhörst, mich zu bemuttern.“ Das saß! Unsere Männer haben uns nicht geheiratet, damit wir den Platz ihrer Mutter einnehmen. Sie haben uns geheiratet, damit wir ihre Ehefrau, Geliebte, Seelenverwandte und engste Freundin sind.

Frauen neigen dazu, ihre Liebe durch Bemuttern zu zeigen, doch das kommt bei unseren Männern ganz anders an. Wenn wir sie bemuttern, dann sagen wir ihnen damit durch die Blume, dass wir ihnen nicht zutrauen, ihr Leben ohne unsere Hilfe zu meistern. Meist kommt zu dem Bemuttern auch noch unser Drang nach Kontrolle hinzu. Dadurch lehnt unser Mann unsere Versuche, ihn zu bemuttern, nur noch mehr ab – und damit lehnt er auch uns als Person ab.

Unsere Freundin Sarah kämpft genau mit diesem Thema. Nach ihrer Hochzeit waren sie und ihr Mann sehr glücklich, und sie hatten eine enge und herzliche Beziehung. Doch dann bekamen sie Kinder! Irgendwann bemerkte sie, dass sie ihre Mütterlichkeit nicht nur auf ihre drei Jungs beschränkte, sondern auch anfing, ihren Mann zu bemuttern und damit wie ein Kind zu behandeln. Sie organisierte die Familienausflüge und auch den Alltag: Jeden Tag sagte sie ihren „Jungs“, was sie an diesem Tag zu tun hatten, was sie anziehen und wann sie zu Hause sein sollten. In ihre Anweisungen bezog sie ihren Mann immer häufiger mit ein: Heb deine Socken auf, bring das schmutzige Geschirr in die Küche, mach das Waschbecken nach dem Zähneputzen sauber. Im Lauf der Zeit fiel ihr auf, dass sie ihrem Mann gegenüber sehr viel unnachgiebiger war als gegenüber ihren Kindern. Wenn ein Sechsjähriger diese Dinge lernen konnte, dann sollte das doch für einen Vierzigjährigen ein Klacks sein. Die

Erwartungen an ihren Mann wurden immer höher, und ihre Frustration wuchs – aber auch die ihres Mannes.

Eines Abends sagte ihr Mann, dass er das alles nicht mehr aushalten könne. Es war, als hätte sie seine Liebe aus ihm herausbemuttert.

Da beschloss Sarah, dass sich etwas ändern musste. Sie wollte aufhören ihren Mann zu bemuttern, und wieder anfangen, ihn zu lieben. Dazu gehörte, dass sie den negativen Kreislauf, in dem sie nun schon so lange steckte, durchbrechen musste. Sie lernte, die Situationen zu erkennen, in denen sie besonders bemutterte, und sich dort zurückzunehmen. Außerdem ließ sie ihren Mann aus seiner Rolle, in die sie ihn gesteckt hatte, wieder frei und erlaubte ihm, er selbst zu sein und zu tun, was er für richtig hielt. Durch diese Schritte ist Sarahs Familie nach und nach völlig verändert worden. Ihre Kinder freuen sich darüber, dass das Nörgeln nachlässt und dass ihre Mutter ihnen erlaubt, ihre eigenen Wege zu gehen und ihre eigenen Fehler zu machen. Und ihr Mann hat seine Frau wiederbekommen, die ihn als Mann liebt und ihm keine Mutter sein will.

Oft wundern sich Frauen, warum die Romantik in ihrer Ehe verschwunden ist. Doch ein Mann hat selten romantische Gefühle für eine Frau, die sich wie seine Mutter verhält. Man muss ihm nicht sagen, was er anziehen, was er essen, wie er Auto fahren oder wann er ins Bett gehen soll. Versuchen Sie sich darauf zu beschränken, eine gute Mutter für Ihre Kinder zu sein. Ihr Mann braucht Sie nicht als Mutter. Er wünscht sich vielmehr, dass Sie wieder seine zauberhafte und verführerische Geliebte sind.

Männer wollen keine Ehefrauen, die sich wie ihre Mütter verhalten.

37. Setzen Sie die richtigen Prioritäten

Wer von uns hat noch nie damit gekämpft, wie wir unsere Prioritäten setzen sollen? Das ist ein Thema, das uns alle betrifft.

Wenn Ihr Mann das Gefühl hat, dass er eine wichtige Rolle in

Ihrem Leben spielt, dann redet er viel eher mit Ihnen. Wie würde er sich fühlen, wenn Sie ihm deutlich zeigen, dass er auf Ihrer Prioritätenliste weit oben steht? Zweifellos würde er das sehr mögen.

Es ist so leicht, seine Prioritäten durcheinanderzubringen. Nehmen Sie sich einmal ein paar Minuten Zeit, und machen Sie sich Ihre eigene Prioritätenliste.

Ordnen Sie die folgenden Punkte danach, wie wichtig Sie Ihnen sind. Achten Sie dabei darauf, dass Sie die Punkte nicht so ordnen, wie wichtig sie sein sollten, sondern wie wichtig sie tatsächlich sind.

________ Haushalt
________ Hobbys
________ Soziales Engagement
________ Geistliches Leben
________ Ehemann
________ Kinder
________ Freunde
________ Engagement in der Gemeinde
________ Zeit für Sie allein
________ Zeit mit den eigenen Eltern und Geschwistern
________ Zeitung und Zeitschriften lesen

Wir wissen jetzt natürlich nicht, wie Sie die Punkte geordnet haben. Doch etwas fällt uns in unserer Arbeit mit Frauen immer wieder auf. Die Ehemänner tauchen auf den Listen immer weiter unten auf.

Der häufigste Grund dafür, dass die Prioritätenliste einer Frau durcheinandergerät, sind die Kinder. Sie bringen unsere Augen zum Leuchten, zaubern ein Lächeln auf unsere Lippen und erfrischen unseren Alltag.

Gibt es etwas Wichtigeres als unsere Berufung, eine gute Mutter zu sein? Ja! Es ist die hohe Berufung, eine gute Ehefrau zu sein. Doch so oft drängen wir unsere Männer an den Rand und machen unsere Kinder zur Priorität Nummer eins. Nach unserer Beziehung zu Gott sollte die Beziehung zu unserem Ehemann die höchste Priorität haben.

Oft wünschen sich Frauen, die beste Freundin ihrer Kinder zu sein

– koste es, was es wolle. Aber Sie sollten wissen, dass diese „Freundschaft" einen hohen Preis hat:

- eine verwässerte Beziehung zu Ihrem Mann,
- ein Kind, das wenig oder gar keinen Respekt vor seinem Vater hat,
- ein Kind, das glaubt, das System manipulieren zu können, um das zu bekommen, was es will,
- ein Kind mit schiefen Prioritäten, die darauf basieren, was es bei Ihnen beobachtet hat,
- ein Kind, das davon ausgeht, dass ihm die Welt etwas schuldet,
- ein Kind mit einer mürrischen Lebenseinstellung und einer schlechten Arbeitseinstellung,
- ein egoistisches Kind, das eines Tages ein egoistischer Ehepartner wird.

Wenn Sie Ihr Kind so erziehen, dann bezeichnen wir das als „Kurzzeitliebe".

Diese Kurzzeitliebe ist oft der Grund für lebenslange Schwierigkeiten, die dadurch entstehen, dass eine Mutter ihre Kinder umsorgen will, ihnen alles abnimmt und sie damit letztendlich nicht auf das Leben vorbereitet. Sie denkt zu kurz, denn nur durch Verantwortung, Rechte und Pflichten lernen die Kinder mit ihrem Leben umzugehen.

Wir möchten Ihnen gerne ein paar Anregungen geben, wie Sie Ihre Prioritäten wieder in eine andere Reihenfolge bringen können.

1. Reden Sie Ihren Mann wieder mit einem Kosenamen an. Viele Frauen tun das mit ihren Kindern, aber nicht mehr mit ihren Ehemännern.
2. Lassen Sie Ihren Mann wissen und merken, dass Sie während des Tages an ihn gedacht haben.
3. Erzählen Sie Ihren Kindern mehrmals in der Woche, was Sie an ihrem Vater bewundern.
4. Richten Sie sich einen regelmäßigen Termin mit Ihrem Mann ein. Nehmen Sie sich etwas Schönes zusammen vor. Dieser Termin sollte eine feste Größe im Terminkalender sein, der nicht wegen anderer Aktivitäten ausfallen darf.

5. Wenn Sie merken, dass Sie gerade negativ über Ihren Mann denken, dann setzen Sie bewusst eine seiner Stärken dagegen.
6. Vermeiden Sie es, Ihren Mann vor anderen, besonders vor Ihren Kindern, schlecht zu machen.
7. Verstehen Sie sich wieder als die Freundin, Geliebte, Ehefrau und Seelenverwandte Ihres Mannes.
8. Fragen Sie Ihren Mann um Rat oder bitten ihn um seine Hilfe. Dadurch vermeiden Sie es, einfach neben ihm herzuleben und ihm das Gefühl zu vermitteln, dass Sie ohne ihn eigentlich auch ganz gut klarkommen.

Prioritäten muss man immer wieder überdenken. Es gibt viele Dinge, die sich uns als äußerst wichtig aufdrängen, es in Wirklichkeit aber gar nicht sind. Wenn wir uns darauf einlassen, verschieben sich unsere Prioritäten schnell und wir haben keine Zeit mehr für die wirklich wichtigen Dinge im Leben. Haben Sie den Mut, Ihre eigenen Prioritäten neu zu ordnen. Überlegen Sie sich, wo Sie etwas Grundlegendes verändern müssen, und tun Sie es. Setzen Sie Ihren Ehemann auf Ihrer Liste wieder vor Ihre Kinder, denn das wird Ihrer ganzen Familie auf lange Sicht guttun.

> Schauen Sie sich Ihre Prioritäten ehrlich an, und verändern Sie sie, wo es nötig ist.

38. Entdecken Sie das Geheimnisvolle

Eine geheimnisvolle Frau ist eine Seltenheit, und etwas Wunderbares scheint die Frauen zu umgeben, die diese Eigenschaft besitzen. Das Herz einer Frau ist etwas Geheimnisvolles. Gott hat uns so geschaffen. Wenn Sie Ihrem Mann einen Blick in die Geheimnisse Ihres Herzens erlauben und Sie sich ihm öffnen, reagiert er wahrscheinlich positiv darauf und öffnet sich nach und nach auch.

Eine geheimnisvolle Frau besitzt einen Reiz, eine Aura, die schwer zu beschreiben ist. Sie ist offen und warmherzig und hat eine würdevolle und grazile Haltung. Sie strahlt ein ruhiges Selbstvertrauen aus, das nicht von der Meinung anderer abhängt. Sie weiß, wer sie ist, und fühlt sich wohl in ihrer Haut. Sie ist positiv und nimmt sich und andere so, wie sie sind. Die Disziplin, die sonst oft einen langweiligen und gesetzten Beigeschmack hat, ist ein Grundpfeiler ihres Lebens. Trotzdem ist sie weder gesetzlich noch stur.

Etwas umgibt sie, das jeden in ihren Bann zieht. Sie schafft es immer wieder, dass man sich in ihrer Gegenwart wahrgenommen und wertgeschätzt fühlt. Außerdem geht sie auf andere ein, dass sie sich ermutigt und verstanden fühlen.

Ihre Anwesenheit nimmt man in einem Raum sofort wahr, doch sie ist weder provokativ noch aufdringlich. Ihre Schönheit lässt sich nicht an der Kleidung oder den Schmückstücken festmachen, die sie trägt. Wenn sie den Kopf lachend in den Nacken legt, wird einem plötzlich bewusst, dass es da auch noch eine andere Seite gibt, die nur wenige wirklich kennen.

Ihr Wesen scheint aus Gegensätzlichem zu bestehen. Sie ist zärtlich und zugleich bestimmt. Sie ist die Liebenswürdigkeit in Person und steht trotzdem zu ihrer Überzeugung und geht keine faulen Kompromisse ein. Sie blendet Probleme nicht aus, steckt ihren Kopf aber auch nicht in den Sand. Sie behält eine ruhige Sicherheit, dass alles gut wird. Wenn die Schwierigkeiten überhand nehmen, dann wird sie nicht hektisch, sondern steht fest in ihrem Glauben und ihrer Überzeugung und tröstet damit alle um sie herum.

Ist sie perfekt? Nein. Ist sie fehlbar? Ganz bestimmt. Macht sie sich verletzbar? Natürlich. Irrt sie sich manchmal? Ohne Zweifel. Doch in ihrem Kern ist sie eine Frau, die in Gottes Gegenwart lebt. Ihm will sie gefallen, und er soll sie verändern. Dadurch hebt sie sich von den Frauen ab, die nur die Geheimnisse dieser Welt widerspiegeln und nicht in den Geheimnissen der Ewigkeit verwurzelt sind.

Oft erscheint uns die tägliche Routine der einfachere Weg zu sein, unserem Leben eine Richtung und eine Ordnung zu geben. Doch die Anziehungskraft und das Potenzial, das wir am Anfang unserer Ehe gespürt haben, wird dadurch langsam aber stetig zerstört.

Wenn Sie sich aber auf eine Veränderung einlassen, wenn Sie bereit sind, an bestimmten Punkten in Ihrem Leben zu arbeiten und eine neue Freiheit spüren, weil viel Zwang und Härte von Ihnen abfällt, dann wird sich auch Ihr Umfeld verändern. Das passiert natürlich nicht von heute auf morgen, sondern es ist ein Prozess, der seine Zeit braucht.

Haben Sie erst einmal angefangen, sich selbst kennenzulernen und bestimmte Punkte zu verändern, dann kann es passieren, dass sich Ihr Mann ganz von selbst verändert, ohne dass Sie je ein Wort dazu zu sagen brauchen.

Fangen Sie auch wieder an, das Geheimnisvolle in sich zu entdecken, denn nichts ist so interessant wie ein Geheimnis. Eine Frau voller Geheimnisse erregt die Aufmerksamkeit ihres Mannes, denn Geheimnisse wollen ergründet werden.

Eine Frau, die sich ganz auf Gott verlässt, ist unwiderstehlich.

Teil 4

Über Sie als Paar

Das Feuer der Kommunikation entzünden

Das größte Kompliment, das ich je bekommen habe, war,
als mich jemand gefragt hat, was ich denke,
und mir dann genau zugehört hat.
Henry David Thoreau

Sind Sie bereit, einige lang vergessene Fähigkeiten wieder aufzupolieren? Im folgenden Teil wollen wir uns mit dem Gespräch zwischen Mann und Frau beschäftigen. Da gibt es viele Punkte, über die man nachdenken kann und die leicht in die Praxis umzusetzen sind.

Vielleicht erinnern Sie sich noch daran, als Sie Ihren ersten Computer bekommen haben. Überall lagen Kabel herum; die Bedienungsanleitung hatten Sie ständig in den Fingern; die verschiedenen Computerteile standen vor Ihnen; und nach langem Ringen war schließlich alles richtig miteinander verbunden. Die erste Frage, die jedem Computerneuling sofort in den Sinn kommt, ist: „Wie mache ich dieses Ding jetzt an?" Danach kommt der lange Weg, den Computer mit all seinen Programmen und Funktionen zu verstehen und bedienen zu lernen. Leider kann man nicht alles schon am ersten Tag lernen, wie Sie sicher selbst herausgefunden haben. Es dauert seine Zeit. Doch wenn Sie eine Weile mit dem Computer gearbeitet haben und Sie ihn mehr und mehr verstehen, dann fragen Sie sich irgendwann, wie Sie je ohne einen Computer ausgekommen sind.

Das Gleiche gilt auch für einen Mann. „Wie kann unsere Kommunikation gelingen?“ Das ist die Frage, die viele verheiratete Frauen heutzutage umtreibt. Zwei grundlegende Fähigkeiten, die Ihnen helfen können, mit Ihrem Mann wieder ins Gespräch zu kommen, sind: richtig Zuhören und verschiedene Arten von Gesprächen führen können.

Deshalb wird es in den folgenden Kapiteln vor allem darum gehen, wie man zuhört und wie man Dinge auf unterschiedliche Weise sagen kann, um ein für Ihren Mann ermutigendes Gesprächsklima zu schaffen. Denn dann redet er wieder gerne mit Ihnen. Wenn Sie sich diese Ideen zu Herzen nehmen und anwenden, dann merkt Ihr Mann sehr wahrscheinlich bald, dass Sie ein ganz neues Interesse an ihm zeigen – wer er ist, was er zu sagen hat und was er wirklich denkt.

Ihm fällt vielleicht auf, dass sich in Ihnen etwas Grundlegendes verändert hat. Sie schauen ihn an, wenn Sie mit ihm reden. Sie antworten auf das, was er gerade gesagt hat, und werfen nicht einfach eine Bemerkung ein, die Sie gerade beschäftigt. Sie nehmen es ihm nicht länger übel, wie er bestimmte Dinge formuliert. Sie wissen jetzt, wie Sie seine Aufmerksamkeit bekommen können, und erwarten nicht mehr, dass er Ihnen jeden Wunsch von den Lippen abliest und Ihre Gedanken errät.

Die Themen, die wir in den nächsten Kapiteln behandeln, können Ihnen aber nicht nur in der Beziehung zu Ihrem Mann weiterhelfen, sondern auch in anderen Beziehungen. Denn wer redet nicht gerne mit einem Menschen, der sich wirklich für das interessiert, was man zu sagen hat?

39. Das kleine Einmaleins des Zuhörens

Es gibt einen direkten Zusammenhang zwischen der Bereitschaft einer Frau, ihrem Mann zuzuhören, und seiner Bereitschaft, mit ihr zu reden.

Männer brauchen eine Aufgabe. Sie reden nicht einfach nur um des Redens willen. Normalerweise reden sie nur, wenn es einen Grund dafür gibt, und wenn ihnen jemand zuhört.

Indem Sie nun Ihre Fähigkeit zum Zuhören verbessern, ermutigen Sie ihn, mit Ihnen zu reden.

Lassen Sie uns das an einem Beispiel zeigen. Wenn Ihr Ehemann nach einem Arbeitstag nach Hause kommt, sind Sie dann mit tausend Sachen beschäftigt und nehmen kaum wahr, dass er zur Tür hereinkommt? Ein Mann freut sich über einen freundlichen Willkommensgruß, der nicht einfach über die Schulter geworfen wird. Vielleicht sind Sie erschöpft von Ihrem Tag und es ist gerade nicht Ihr größter Wunsch, ihm jetzt zuzuhören. Beobachten oder fragen Sie Ihren Mann einmal, wie er sich sein Heimkommen vorstellt, und versuchen Sie es mal auf seine Weise. Manche Männer mögen es, wenn sie von ihrem Tag erzählen können, manche brauchen erst Zeit, bis sie darüber reden wollen, und manche wollen erst einmal gar nicht reden. Akzeptieren Sie es. Versuchen Sie nicht, Informationen aus ihm herauszupressen. Wenn er aber gerne reden möchte, Sie aber gerade keine Zeit haben, dann sagen Sie ihm das und nennen Sie ihm eine Zeit, wann Sie ihm gerne zuhören würden. Wir möchten Ihnen gerne ein paar Tipps geben, die uns geholfen haben, bessere Zuhörer zu werden:

1. Schauen Sie Ihren Mann an, wenn er mit Ihnen redet. Wenn Ihre Augen im Raum herumwandern, während er mit Ihnen redet, dann hat er den Eindruck, dass Ihre Gedanken auch nicht ganz bei ihm sind. Hören Sie ihm bewusst zu, und erledigen Sie nicht noch nebenbei Ihre Arbeit.

2. Geben Sie ihm Feedback. Reagieren Sie mit Nicken oder Lächeln auf seine Worte. Fragen Sie zwischendurch ab und zu einmal nach. Das zeigt ihm, dass Sie ihm genau zuhören.

3. Unterbrechen Sie ihn nicht und wechseln Sie nicht das Thema. Eine meiner (Connies) Freundinnen hat mir einmal während eines Gesprächs die Hand auf den Mund gelegt, weil ich zu viele Sätze meines Mannes beendet habe. Lassen Sie Ihren Mann seine Sätze selbst zu Ende bringen, und erlauben Sie ihm das Thema zu beenden, über das er gerade spricht, selbst wenn es nicht Ihr Lieblingsthema ist. Gähnen Sie nicht, schauen Sie nicht dauernd auf die Uhr und lassen Sie Ihren Blick nicht durch den Raum schweifen.

4. Wiederholen Sie ein paar der Aussagen, die er macht. Das zeigt ihm, dass Sie zuhören, und bestätigt ihn in dem, was er sagt.

5. Wenn er etwas Gutes und Hilfreiches sagt, dann machen Sie ihm ein Kompliment. Das macht ihm Mut, sich Ihnen auch weiterhin mitzuteilen.

6. Zeigen Sie ihm, wie dankbar Sie sind. Danken Sie ihm dafür, dass er seine Gedanken mit Ihnen geteilt hat. Männer sind anders gepolt, und sie wissen oft nicht, wie viel es für ihre Frauen bedeutet, wenn sie mit ihnen reden.

Nur selten trifft man einen Menschen, der einem wirklich zuhören will, und dann über das Gesagte auch noch gründlich nachdenkt. Normalerweise reden wir mit Leuten, die, während wir noch reden, schon darüber nachdenken, was sie als Nächstes sagen wollen, oder wie sie das Thema wechseln können.

Könnte das vielleicht ein Grund sein, warum Ihr Mann nicht so gerne mit Ihnen redet? Bei einer Bekannten war das der Fall.

Als wir eines Abends auf einem Frauenseminar über dieses Thema sprachen, fragte sie sich, ob das in ihrer Ehe auch so sei. Ihr Mann hatte sich völlig zurückgezogen. Während sie uns zuhörte, fiel ihr plötzlich auf, dass das zum größten Teil an ihrer Unfähigkeit lag, ihm zuzuhören. Mit vier Kindern, Fußballtraining, alternden Eltern und einem Job hatte sie genug zu tun. Woher sollte sie auch noch die Zeit zum Zuhören nehmen?

Sie überdachte ihre Situation und beschloss, sich diese Zeit zu nehmen. In dem Seminar sagten wir, dass Menschen in die Dinge investieren, die ihnen wichtig sind. Hier wollte sie ab jetzt investieren. Sie ging nach Hause und sagte ihrem Mann erst einmal nichts davon. Stattdessen fragte sie ihn ein paar Sachen und hörte seinen Antworten genau zu.

Außerdem erinnerte sie sich daran, dass am Anfang ihrer Ehe der Großteil ihrer Kommunikation direkt nach seinem Arbeitstag stattgefunden hatte – dann, wenn er durch die Tür und zu ihr in die Küche kam. Am nächsten Abend, als er durch die Tür kam, legte sie den Kochlöffel zur Seite und fragte ihn, wie sein Tag gewesen war. Er war recht kurz angebunden, weil er ja bisher immer die Erfahrung gemacht hatte, dass es sie nicht wirklich interessierte, obwohl sie fragte. Doch jetzt war das anders!

Sie machte also einen weiteren Versuch, nahm seine Hand und ging mit ihm zum Küchentisch. „Komm, wir wollen uns einen Moment setzen, denn ich würde es wirklich gerne wissen“, sagte sie. Am nächsten Tag tat sie dasselbe. Und am nächsten wieder. Zwei Wochen später bemerkte sie, dass ihr Mann jetzt nicht mehr schlecht gelaunt nach Hause kam, sondern einen neuen Schwung in seinem Gang und ein Lächeln auf seinen Lippen hatte. Er schien wieder gerne nach Hause zu kommen und auch gerne mit ihr zu reden, und das nur, weil sie wieder angefangen hatte, ihm zuzuhören.

Zuhören bedeutet mehr, als wir denken. Denn wir sagen damit viel mehr, als dass wir gerne etwas über das Thema hören wollen:

- Du bist mir wichtig.
- Ich möchte gerne mehr über dich wissen.
- Du bist für mich eine Priorität.
- Andere Dinge können warten, das nicht.
- Ich liebe dich.
- Ich möchte gerne Anteil an deinem Leben haben.

Wenn Sie noch kein guter Zuhörer sind, dann ist das nicht schlimm! Zuhören kann man lernen. Das Einzige, was man braucht, ist Zeit.

Zuhören muss man üben, und es muss auf unserer Liste eine hohe Priorität haben.

Wenn Sie Ihrem Mann zuhören, dann sagt das mehr als tausend Worte.

40. Vermeiden Sie halbherziges Zuhören

Erkennen Sie sich in einer der folgenden Beschreibungen wieder?

1. *Der „Mit-halbem-Ohr"-Zuhörer:* Nur ein geringer Prozentsatz des Gehirns dieser Frau ist aufnahmebereit für das, was gerade gesagt wird. Der Hauptteil ihrer Gedanken ist ganz woanders, vor allem dann, wenn es um ein Gesprächsthema geht, das sie nicht sonderlich interessiert.
2. *Der „Obwohl-ich-mit-den-Kindern-rede,-höre-ich-dir-immer-noch-zu"-Zuhörer:* Diese Frau redet die ganze Zeit mit den Kindern, während ihr Mann mit ihr spricht. Das ist sehr frustrierend und manchmal auch sehr demütigend für einen Mann – wie auch für jeden anderen.
3. *Der „Obwohl-ich-gerade-am-Telefon-mit-einem-anderen-rede, höre-ich-dir-immer-noch-zu"-Zuhörer:* Wenn Sie gerade am Telefon mit jemand anders sprechen und Ihrem Mann ab und zu einmal zunicken, weil er Ihnen gerade etwas erzählt, dann gibt ihm das überhaupt nicht das Gefühl, dass Sie ihm aufmerksam zuhören.
4. *Der „Ich-kann-zwei-Gesprächen-gleichzeitig-folgen"-Zuhörer:* Diese Form ist dem „mit halbem Ohr"-Zuhörer sehr ähnlich. Wenn Ihr Mann mit Ihnen spricht, dann hören Sie parallel dazu noch einem anderen Gespräch, dem Radio, dem Talkmaster oder irgendetwas anderem zu. Auch bei dieser Art schenken Sie Ihrem Mann nicht wirklich Ihre Aufmerksamkeit.

5. *Der „Lass-dich-von-meinem-Lesen-nicht-davon-abhalten,-mit-mir-zu-reden"-Zuhörer:* Wenn Ihre Augen intensiv mit etwas anderem beschäftigt sind, als mit Ihrem Mann, dann sind Sie wahrscheinlich auch nicht ganz Ohr.
6. *Der „Ich-laufe-im-Zimmer-auf-und-ab-und-verlasse-das-Zimmer-auch-ab-und-zu"-Zuhörer:* „Herumwandern" zeigt deutlich, dass Sie nicht auf das Gespräch konzentriert sind, selbst wenn Sie ihm sagen: „Ich kann dich immer noch hören." Erwarten Sie nicht, dass Ihr Mann weiterhin mit Ihnen spricht, wenn Sie ständig das Zimmer verlassen und wieder hereinkommen. Auch das zeigt ihm, dass Sie nicht wirklich hören wollen, was er sagt.
7. *Der „Ich-ruhe-nur-meine-Augen-ein-bisschen-aus"-Zuhörer:* Es ist unendlich schwer mit jemandem zu reden, der seine Augen geschlossen hat. Wenn Sie wirklich so müde sind, dann sagen Sie ihm: „Liebling, ich finde es wirklich schön, dass du mir von deinem Tag erzählen willst. Doch ich bin gerade so müde, dass ich kaum die Augen offen halten kann. Macht es dir etwas aus, mir später davon zu erzählen?" Berühren Sie ihn oder geben Sie ihm einen Kuss, bevor Sie einschlafen.
8. *Der „Ich-kann-mindestens-noch-sechs-andere-Dinge-tun,-während-ich-dir-zuhöre"-Zuhörer:* Vielleicht können Sie das tatsächlich, doch Sie werden nicht so aufmerksam zuhören, wenn Sie parallel noch etwas anderes tun. Es könnte sein, dass Ihr Mann Ihnen auch so zuhört – die meisten Männer hören anders zu als Frauen und können sich besser konzentrieren, wenn ihre Hände beschäftigt sind. Dennoch zeigt uneingeschränktes Zuhören Respekt und Anerkennung – beides ist für einen Mann sehr wichtig.
9. *Der ständig unterbrechende Zuhörer:* Legen Sie sich die Hand auf den Mund, wenn das bei Ihnen der Fall ist. Erlauben Sie Ihrem Mann, seine Sätze oder sein Thema zu Ende zu erzählen, bevor Sie etwas dazu sagen.
10. *Der „Ich-höre-dir-dreißig-Sekunden-lang-zu"-Zuhörer:* Halten Sie ihm keine Karotte vor die Nase, nur um sie dann wieder wegzunehmen. Wenn Ihnen Ihr Mann etwas erzählt, dann hören

Sie zu! Wenn es einen Grund gibt, dass Sie ihm gerade nicht zuhören können, dann sagen Sie ihm das und nennen Sie ihm eine bessere Zeit.

Seien Sie ganz Ohr, wenn Ihr Mann mit Ihnen spricht.

41. Hören Sie aktiv zu

Wenn Sie eine bessere Gesprächspartnerin werden wollen, dann sollten Sie gleichzeitig auch an Ihren Erwiderungen und Reaktionen arbeiten. Um auf etwas reagieren zu können, müssen Sie zuerst genau zuhören. Je positiver, angemessener und ermutigender Sie reagieren, desto mehr merkt Ihr Mann, wie aufmerksam Sie zuhören. Am Anfang fällt Ihnen vielleicht gar nicht auf, was für einen großen Unterschied es macht, wie Sie in einem Gespräch reagieren. Doch es wird nicht lange dauern, bis Sie die Veränderung auch bei Ihrem Mann und Ihren Bekannten bemerken. Üben Sie auch bei Ihren Kindern und Freunden. Die werden sich freuen.

Erwiderungen und positive Reaktionen in einem Gespräch kann man lernen. Hier sind ein paar Tipps für den Anfang:

- Erzählen Sie Ihrem Mann etwas, und fragen Sie nach seiner Meinung. Hören Sie ihm genau zu und machen Sie ein paar Bemerkungen, damit er sieht, dass Sie ihm zuhören.
- Wenn er Ihnen das nächste Mal etwas erzählt, stellen Sie ihm ab und zu Verständnisfragen, und zeigen Sie ihm damit Ihr Interesse.
- Streuen Sie hin und wieder eine positive Bemerkung über ihn ein, wenn er etwas über sich erzählt. „Wow, das hast du wirklich toll gemacht." Oder: „Das bewundere ich so an dir. Du behältst immer einen klaren Kopf."
- Sprechen Sie mit ihm über ein Thema, das ihn interessiert. Hat er gerade Tennis gespielt, oder hat er in der Firma gerade ein neues Projekt gestartet? Trainiert er vielleicht die Fußballjugend?

Finden Sie heraus, was ihn interessiert, und stellen Sie ihm Fragen über dieses Thema. Schauen Sie sich einmal einen guten Interviewer im Fernsehen an. Normalerweise sagt er sehr wenig. Seine Aufgabe ist es, durch seine Fragen den anderen zum Reden zu bringen.

- Zwingen Sie Ihren Mann jedoch nicht zum Reden. Wenn er die „Köder“, die Sie auslegen, nicht annimmt, dann werden Sie nicht aggressiv oder schlecht gelaunt. Werfen Sie ihm nicht vor, dass er nie mit Ihnen redet und Sie so viel in die Gespräche investieren müssen. Versuchen Sie es immer wieder neu!
- Man muss auch nicht ständig über ernste und wichtige Themen reden. Ich (Nancy) habe mir einmal meine eigene Version von „Wer wird Millionär?“ ausgedacht, mit Themen, die meinen Mann interessierten. Er fand es klasse! Wir haben an dem Abend so viel gelacht, und selbst heute lachen wir noch, wenn wir daran denken.

Zuhören kann man lernen. Es kostet nicht mehr als ein bisschen Zeit und Übung und zahlt sich auf lange Sicht aus. Sehr häufig ist Zuhören der Punkt, der einen Mann zum Reden bringt, denn es macht Spaß, einem Menschen etwas zu erzählen, der wirklich aufmerksam ist.

Machen Sie Ihre Ohren auf und konzentrieren Sie sich! Schauen Sie ihn freundlich an, und lächeln Sie. Hören Sie auf mit dem, was Sie gerade tun, wenn Ihr Mann Ihnen etwas erzählen möchte. Locken Sie ihn aus der Reserve und geben Sie ihm viel Raum, er selbst zu sein. Ermutigen Sie ihn durch Ihre Reaktionen und Fragen, noch mehr zu erzählen, aber akzeptieren Sie auch, wenn er nicht mehr will. Zwingen Sie ihm nicht Ihre Gesprächsstandards auf, sondern freuen Sie sich an dem, was er Ihnen gibt.

Positive Reaktionen und Erwiderungen regen das Gespräch an.

42. Hören Sie auf sein Schweigen

Sie kennen sicher das Sprichwort: Reden ist Silber, Schweigen ist Gold. Doch Schweigen ist oft eines der konfliktbeladenen Themen in einer Ehe. Die meisten Männer finden es nicht schlimm zu schweigen, aber ihre Frauen verstehen das Schweigen als Zeichen dafür, dass in ihrer Ehe etwas nicht stimmt.

Für einen Mann ist das Schweigen völlig in Ordnung und sagt erst einmal nichts weiter, als dass man gerade nicht redet.

Für eine Frau dagegen bedeutet das Schweigen, dass in der Beziehung etwas schiefläuft oder fehlt. Sie übernimmt häufig die Verantwortung für sein Schweigen und versucht ihn zum Reden zu animieren, während er eigentlich nur die stillen Momente genießt, die sie gerade beenden will. Bevor eine Frau die Bedeutung des Schweigens für einen Mann nicht verstanden hat, machen all ihre Versuche, eine gute Kommunikation in ihrer Ehe aufzubauen, keinen großen Sinn.

Wir haben eine gute Freundin, die das Leben in vollen Zügen genießt. Sie heißt Rita. Meistens lief in ihrer Ehe alles völlig rund, und sie war sehr zufrieden. Doch es gab immer wieder unvorhersehbare Situationen, wenn ihr Mann plötzlich schwieg, sehr nachdenklich wurde und sich von ihr zurückzog. Rita konnte das nicht verstehen. Für sie kamen diese Zeiten immer völlig ohne Vorwarnung – plötzlich waren sie einfach da. Es war sehr schwer für sie, sein Schweigen nicht persönlich zu nehmen.

Ab und zu fragte sie ihn auch direkt: „Ist alles in Ordnung, mein Schatz? Du bist so still."

„Ja", antwortete er dann. „Es ist alles in Ordnung. Ich sitze hier einfach nur."

„Bist du sauer auf mich? Habe ich irgendetwas falsch gemacht?", drängte sie weiter.

„Nein, ich genieße einfach nur die Stille und das Nichtstun."

Das störte Rita. Dieses Schweigen bereitete ihr ein ungutes Gefühl, und sie war überzeugt, dass sie daran schuld war.

Schließlich beschloss sie, mit einer Freundin, die schon viele Jahre verheiratet war, darüber zu reden. Die Freundin lächelte und legte ihren Arm um Rita. „Jeder Mann braucht ein bisschen Stille in seinem Leben – manchmal mehr und manchmal weniger", sagte sie ihr. „Mach dir keine Sorgen, wenn das passiert. Versuch ihn nicht zu drängen oder an ihm herumzunörgeln. Wenn er später mit dir darüber reden will, dann macht er das schon. Wenn nicht, dann nicht. Gib ihm seinen Freiraum und zeig ihm, dass du ihn immer noch liebst. Das Schweigen geht auch wieder vorbei."

Dieser weise Rat ihrer älteren Freundin half Rita dabei, das Schweigen ihres Mannes mit anderen Augen zu sehen. Sie fühlte sich nicht länger durch die Stille bedroht und unsicher. Außerdem konnte sie ihm jetzt glauben, dass sein Schweigen nichts mit ihr zu tun hatte. Je mehr Freiraum sie ihm für seine Gedanken und sein Schweigen gab, desto häufiger erzählte er ihr später, was ihn gerade beschäftigte.

Es bedeutet einem Mann sehr viel, wenn seine Frau ihn mit seinem Schweigen akzeptiert und ihn unterstützt. Er darf dann einfach so sein, wie er ist.

Lassen Sie sich durch sein Schweigen in Ihrer Beziehung zu ihm nicht verunsichern. Machen Sie sich nicht ständig Sorgen darüber, was wohl gerade mit Ihrem Mann oder in Ihrer Beziehung passiert. Sorgen haben noch niemandem geholfen. Fragen Sie ihn also nicht dauernd, was nicht in Ordnung ist. Nehmen Sie sich zurück, und lassen Sie ihm seinen Freiraum. Hören Sie auf, sich für sein Schweigen verantwortlich zu fühlen und ihn zum Reden zu animieren. Wahrscheinlich braucht er gerade einfach etwas Zeit für sich.

Wir alle brauchen ab und zu etwas Zeit für uns selbst. Für einen Mann sind solche Zeiten meist schwerer zu finden. Die meisten Männer arbeiten den ganzen Tag und sind die Letzten, die abends nach Hause kommen. Wenn Sie merken, dass sich Ihr Mann danach sehnt, ein bisschen Zeit für sich allein zu haben, dann helfen Sie ihm. Nehmen Sie die Kinder mit auf den Spielplatz, wenn er zu Hause ist. Rufen Sie eine Freundin an und verabreden Sie sich zum Eisessen. Gönnen Sie ihm diese Zeit und respektieren Sie sein Bedürfnis. Nehmen Sie sein Schweigen ernst, aber lassen Sie dadurch Ihr Leben nicht negativ beeinflussen, indem Sie sich die Schuld dafür zuschieben.

Gerade in seinen stillen Momenten braucht ein Mann eine Frau, die ihn liebt, wie er ist.

Geben Sie Ihrem Mann Zeit zum Schweigen – es lohnt sich!

43. Machen Sie seine Last leichter

Vielleicht fragen Sie sich manchmal, was Sie Ihrem Mann Gutes tun können. Vielleicht haben Sie darüber auch noch nie nachgedacht. Doch wenn Sie Ihren Mann fragen, wie Sie seine Last leichter machen können, dann kann das Ihre Beziehung sehr bereichern.

So könnten Sie es versuchen:

- Gehen Sie zu Ihrem Mann und schauen Sie ihm in die Augen,
- dann nehmen Sie seine Hand oder berühren ihn in einer Weise, die ihm zeigt, dass Sie ihm nah sein wollen,
- danach fragen Sie ihn: „Kann ich irgendetwas tun, um dir ein bisschen von deiner Last abzunehmen?"

Das bedeutet sehr viel für einen Mann, doch Sie müssen gerade hier sehr vorsichtig sein. Ob er sich Ihnen öffnet, hängt ganz stark davon ab, wie sehr er Ihnen vertraut. Vielleicht hat er die Erfahrung gemacht, dass Sie seine Äußerungen dazu benutzen, um ihn besser kontrollieren zu können oder dass Sie seine Bedürfnisse analysieren, um ihm zu zeigen, wie überzogen, unwichtig oder unreif sie sind. Dann wird es einige Zeit dauern, bis Sie ihn davon überzeugt haben, dass Sie wirklich Interesse haben und seine Wünsche nicht hinterher kommentieren. Wenn er aber merkt, dass Sie seine Wünsche ernst nehmen und ihm wirklich helfen wollen, dann öffnet er sich Ihnen mehr und mehr.

Ein Mann steht unter einem sehr großen Druck. Einiges bekommen wir gar nicht mit, denn ein Mann geht mit Druck von außen anders um als eine Frau. Männer haben die Tendenz, Druck zu verinnerlichen, anstatt darüber zu reden. Wenn Sie Ihrem Mann anbieten, ihm etwas von seiner Last abzunehmen, dann bieten Sie ihm letztlich an, etwas von dem Druck aus seinem Leben zu nehmen. Dadurch bekommt er das Gefühl, dass er Ihnen wichtig ist, ohne dass Sie ihm das direkt sagen. Sie zeigen ihm, dass Sie bemerkt haben, wie überlastet er ist und dass Sie ihm helfen wollen.

Mit Ihrer Frage ermutigen Sie Ihren Mann zu erzählen, wie er sein Leben gerade empfindet. Haben Sie erst einmal das nötige Vertrauen aufgebaut, dann vertraut Ihnen Ihr Mann seinen Stress und seine Bedürfnisse an. Jetzt können Sie noch einen Schritt weitergehen und ihn regelmäßig – vielleicht am Morgen – fragen, was Sie für ihn tun können. Das zeigt ihm, dass Sie bereit sind, für ihn Ihren Tagesplan zu unterbrechen oder umzustrukturieren. Meistens kostet es nicht viel, denn Lasten tragen sich immer besser zu zweit. Doch für Ihren Mann bedeutet es mehr, als Sie denken, denn Sie zeigen ihm auf seine Weise in seiner Sprache, dass Sie ihn lieben. Männer, die sich von ihren Frauen wirklich geliebt fühlen, sind viel offener und reden sehr viel mehr mit ihren Frauen als Männer, die dieses Gefühl nicht haben.

Helfen Sie ihm bei dem, was er als Last empfindet.

44. Machen Sie es wie beim Funken

Vor einiger Zeit hat meine (Connies) Tochter mit zehn oder fünfzehn anderen Sechstklässlern vier Wochen an einer Unterrichtseinheit über den Mars gearbeitet. Der Höhepunkt am Ende der vier Wochen war ein Ausflug zu einem Raumfahrtkontrollzentrum. Danach stellten die Kinder ihre Ergebnisse vor, um zu zeigen, was sie gelernt hatten.

Wussten Sie, dass es eine vorgeschriebene Prozedur gibt, wie man aus einem Raumschiff den Kontakt zur Bodenstation herstellt und umgekehrt? Hierbei muss der Ablauf genau eingehalten werden, denn dadurch wird garantiert, dass der Kontakt wirklich zustande kommt und die Informationen auch gehört werden. Das geht ungefähr so:

„Mars, wir haben wichtige Informationen für Sie. Können Sie uns hören? Bitte kommen."

Keine weiteren Informationen werden gesendet, bevor die Astronauten nicht zurückmelden, dass sie den Funkspruch gehört haben und empfangsbereit sind. Wenn die Bodenstation die Bestätigung empfängt, dann werden weitere Informationen gesendet.

Die Sechstklässler zeigten uns, wie man das macht.

„Mars“, sagten die Mädchen, „wir haben Informationen für Sie. Können Sie uns hören? Bitte kommen.“

Keine Antwort.

„Mars, wir haben Informationen für Sie. Können Sie uns hören? Bitte kommen.“

Keine Antwort, aber ein leichtes Rauschen in der Leitung, so als ob das Raumschiff langsam aus einem Nickerchen erwacht.

„HALLO MARS! SIND SIE DA? WIR HABEN INFORMATIONEN FÜR SIE. KÖNNEN SIE UNS HÖREN? BITTE KOMMEN.“

„Oh, hallo, Bodenstation. Ja, wir können Sie hören. Bitte senden Sie weitere Informationen.“

Erst als die Jungen den ersten Funkspruch beantwortet hatten, schickten die Mädchen weitere Informationen über Funk an sie. Immer wenn die Mädchen wichtiges Material hatten, das sie den Jungen funken wollten, mussten sie mehrere Funkversuche starten, bevor die Jungen aufmerksam wurden und antworteten. Wir mussten darüber lächeln, denn uns schien das ein gutes Beispiel dafür, wie Kommunikation im normalen Leben abläuft.

Schauen wir uns doch einmal an, wie das in einer Ehe funktioniert. So oft beginnt eine Frau ein Gespräch mit ihrem Mann mit der festen Überzeugung, dass er dem Gespräch folgt, denn das würde sie tun, wenn er mit ihr ein Gespräch anfangen würde.

Doch ihr Mann folgt dem Gespräch nicht; er ist sich nicht einmal darüber im Klaren, dass sie das von ihm erwarten. „Du hörst mir nie zu“, beschuldigt sie ihn dann.

„Doch, das tue ich“, verteidigt er sich.

„Nein, das tust du nicht. Und das hier ist ein gutes Beispiel dafür!“, schreit sie zurück.

„Ich wusste gar nicht, dass du mit mir redest“, sagt er, obwohl er vielleicht sogar allein mit seiner Frau im Raum ist.

„Mit wem sollte ich denn sonst geredet haben – mit der Wand?“, schießt sie zornig zurück.

„Nein, ich habe einfach nicht gemerkt, dass du mit mir geredet hast“, antwortet er ehrlich.

Manche Menschen verbringen ihr ganzes Leben so. Die Frau ist immer frustriert, dass ihr Mann ihr nicht zuhört. Der Mann dagegen merkt, dass ihre Frustration etwas mit ihm zu tun hat, weiß aber nicht genau, was er nun wirklich falsch macht.

Einer der Schlüssel zu einem guten Gespräch findet sich in den Funksprüchen zwischen dem Raumschiff und der Bodenstation. Wir Frauen müssen sicherstellen, dass das Raumschiff – unsere Männer – uns auch hören und für den Funkspruch aufnahmebereit sind. Gehen Sie nicht einfach davon aus, dass er auf Empfang gestellt hat. Fragen Sie ihn, ob er Ihnen zuhört. Wenn er das nicht tut und Sie trotzdem weiterreden, dann verschwenden Sie nur Ihren Atem und Ihre Nerven.

Es gibt Möglichkeiten, wie Sie Ihrem Mann helfen können, damit er Sie auch wirklich hört. Wir wollen uns ein paar davon etwas genauer anschauen:

1. Wenn Sie möchten, dass er Ihnen hilft oder etwas für Sie tut, dann überlegen Sie, wie Sie es formulieren. Es gibt Männer, die sehr sensibel reagieren, wenn ihre Frauen sie fragen: „Könntest du das und das tun!“ Natürlich können sie das. Es scheint uns Frauen höflicher, unsere Bitten als Möglichkeit zu formulieren, weil sie sich dann nicht wie Befehle anhören, doch den meisten Männern ist der direkte Weg lieber. Für mich (Connie) war das am Anfang unserer Ehe fast unmöglich, denn ich wollte ja nicht den Chef spielen.

Damit habe ich meinen Mann regelmäßig in den Wahnsinn getrieben. „Natürlich kann ich das“, sagte er mir dann. „Aber du willst, dass ich es jetzt auch tue. Sag einfach, was du willst. Mach nicht immer nur Andeutungen und erwarte dann, dass ich schon errate, was ich jetzt tun soll.“

Seine Antwort empfand ich als ziemlich schroff. Doch so kam es bei ihm an. Also beschloss ich, dass ich umlernen und ihn auf seine Weise fragen musste. Es war gar nicht so schwer. Bald funktionierte es sehr gut.

2. Sagen auch Sie, was Sie denken. Manchen Sie nicht nur Andeutungen, selbst wenn diese für Sie eindeutig sind. Und erwarten Sie vor allem nicht, dass er Ihre Andeutungen versteht und Ihre Gedanken liest. Manche Frauen können das, aber Männer nicht. Sagen Sie ihm einfach und deutlich, was Sie meinen.

3. Seien Sie präzise und kommen Sie schnell zur Sache.

4. Erinnern Sie sich immer wieder daran, dass gutes Zuhören für Frauen wichtiger ist als für Männer. Für eine Frau drückt Zuhören Liebe aus und zeigt auch, wie gut die Beziehung ist. Für einen Mann ist Zuhören eher etwas, das man tut – eine Aufgabe.

5. Danken Sie ihm dafür, wenn er Ihnen zugehört hat. Gerade im Bereich der Kommunikation brauchen Männer oft Bestätigung, da das eher der Bereich ist, in dem Frauen stark sind. Sie fühlen sich in Gesprächen oft wie auf einem glitschigen Abhang, weil sie oft nicht genau wissen, was ihre Frauen wirklich von ihnen wollen und brauchen. Wenn Sie Ihren Mann in diesem Bereich ermutigen und seine Anstrengungen würdigen, dann wird er bald sicherer und öffnet sich Ihnen auch mehr.

6. Erzählen Sie Ihren Freunden und Ihrer Familie, was für ein guter Zuhörer er ist. Das ist für ihn ein großes Kompliment. Wenn er so seinen Erfolg sieht und hört, gibt er sich bestimmt noch mehr Mühe.

Funken Sie richtig!

45. Erwarten Sie nicht, dass er Ihre Gedanken liest

Unser Gehirn ist ein komplexes Wunder der Natur. Dadurch können wir als Individuen fühlen, erkennen, wollen und verstehen. Wir können unendlich viele kleine wichtige Informationen speichern. Es ist die große Schatzkammer unserer Erinnerungen, und weil dort alles schön ordentlich aufbewahrt wird, kann man selbst nach Jahren noch Dinge tun, die man früher einmal konnte – wie Fahrrad fahren. Man kann mehr als nur eine Sprache lernen, unzählbar viele

Stimmen zuordnen und Dialekte erkennen. Und selbst mitten im tiefsten Schlaf ist unser Kopf noch so aufmerksam, dass wir den Schrei unseres Babys hören und aufwachen.

Wie um alles in der Welt kommen wir nur darauf, dass unsere Männer unsere Gedanken lesen können?

Vor Kurzem ging es mir (Connie) mit einer bestimmten Sache nicht so gut. Ich lief also mit einem ziemlich frustrierten Gesicht im Haus herum und verbreitete schlechte Stimmung. Nach einiger Zeit fragte mich mein Mann: „Liebling, stimmt etwas nicht?"

Wie das so oft der Fall bei Frauen ist, wollte ich nicht so recht mit der Sprache herausrücken. Ich seufzte tief und sagte mit einer dumpfen Stimme: „Ach, ich weiß auch nicht."

Mein Mann schaute mich an, um zu sehen, ob ich noch etwas sagen wollte. Da ich nicht weiterredete, nahm er an, dass entweder nichts war oder dass ich nicht darüber reden wollte. Wenn ich schon nicht wusste, was bei mir nicht stimmte, dann würde er das sicher erst recht nicht herausfinden können. Also ging er zurück an seine Arbeit.

Ich sah ihm nach, wie er den Raum verließ, und war deprimiert. Wollte er denn gar nicht wissen, was mein tiefer Seufzer und mein dumpfes „Ach, ich weiß auch nicht" bedeuteten? Offensichtlich nicht! Sofort ging es mir noch schlechter. Kümmerte es ihn nicht, dass ich so entmutigt war? Jetzt war ich nicht nur wegen der eigentlichen Sache entmutigt, sondern auch verletzt, weil er so schnell aufgegeben hatte und ich ihn anscheinend gar nicht interessierte. Es half mir auch nichts, dass ich ihn kurze Zeit später fröhlich die Blätter in der Garage zusammenfegen sah.

Wir Frauen haben die Angewohnheit, nicht zu sagen, was wir wirklich meinen. Stattdessen schleichen wir um den heißen Brei herum und machen dabei immer wieder kleine Andeutungen, die – so glauben wir – unseren Männern deutlich zeigen, was sie als Nächstes tun sollen. Doch Männer verstehen diese vagen Andeutungen nicht – sie verstehen deutliche und präzise Signale. Oft merken sie noch nicht einmal, dass es diese Andeutungen gibt – sie sind eben keine Frauen.

Hätte ich einer Freundin dieselbe Antwort gegeben („Ach, ich weiß auch nicht"), dann hätte sie sicher Folgendes gesagt: „Connie, ich sehe doch, dass es dir nicht gut geht. Komm, ich mache dir eine schöne Tasse Tee, und dann erzählst du mir, was dich bedrückt." Damit hätte sie mir gezeigt, dass sie sich nicht mit meiner Antwort zufrieden gibt. Es hätte mir das Gefühl gegeben, dass ich ihr wichtig bin und dass sie wirklich wissen will, was mit mir los ist. Bei einer Tasse Tee hätte ich ihr dann sicher erzählt, was mich so bedrückt.

Männer funktionieren so nicht. Die meisten Männer verstehen nicht, dass eine Frau immer erst „antestet", ob er ihr auch wirklich zuhören will und ob es ihn interessiert. Wenn sie dann der Meinung ist, dass er sich wirklich auf sie einlassen will, erzählt sie ihm auch alles. Meistens stellt sie aber eher fest, dass er ihr „Antesten" gar nicht versteht. Es ist nicht so, dass er nicht will, sondern er sieht die Situation ganz anders.

Das Geheimnis liegt darin, mit dem „Antesten" bei Ihrem Ehemann aufzuhören. Versuchen Sie, das zu sagen, was Sie meinen, und das zu meinen, was Sie sagen. So machen es Männer, und sie gehen davon aus, dass wir das auch so machen.

Wir (Connie und Nancy) sind schon oft mit einem missmutigen Gesicht im Haus herumgelaufen und haben schlechte Stimmung verbreitet. Wir haben darauf gewartet, dass unsere Männer uns darauf ansprechen. Wenn sie uns einfach nur fragten, ob irgendetwas nicht in Ordnung war, haben wir natürlich mit Nein geantwortet, aber mit einer verletzten Stimme, die ihnen – so dachten wir – zeigen sollte, dass genau das Gegenteil der Fall war.

Die verletzte Stimme bemerkten sie gar nicht. Sie hörten nur: „Nein, es ist nichts", deshalb ließen sie uns in Ruhe – dadurch wurden wir aber noch frustrierter.

Wir haben Jahre gebraucht, bevor wir merkten, dass unsere Männer die Wahrheit brauchten und keine Andeutungen! „Ja, mir geht es nicht gut. Können wir reden?" Das ist Musik in den Ohren eines Mannes – nicht die Tatsache, dass es seiner Frau nicht gut geht, sondern dass sie ihm sagt, was sie denkt, und nicht erwartet, dass er ihre Gedanken liest.

In vielen Ehen sind dadurch hohe Mauern aufgebaut worden, weil die Frau erwartet, dass ihr Mann ihre Gedanken errät. Wenn Sie diese Erwartung aufgeben, dann können Sie auch gegen die Mauer angehen. Männer können nicht Gedanken lesen! Dieser Satz wird die wenigsten Frauen überraschen. Aber Sie können Ihrem Mann helfen, indem Sie ihm sagen, was Sie meinen. Darauf reagiert er bestimmt.

Worte sind das Fenster zu Ihrer Seele.

46. Wie man um Hilfe bittet

Männer und Frauen bitten auf völlig unterschiedliche Art und Weise um Hilfe. Wenn Sie möchten, dass Ihnen Ihr Mann hilft, dann müssen Sie seine Sprache sprechen lernen. Das spart Ihnen viel Zeit, Kraft und Energie.

Unterstellen Sie Ihrem Mann nicht, dass er Sie nicht verstehen will. Es ist wahrscheinlich eher so, dass er Sie nicht verstehen kann.

Überschütten Sie ihn nicht mit Vorwürfen, dass er seinen Teil nicht tut. Männer mögen es prinzipiell nicht, plötzlich mit einem Gefühlsausbruch in ein Gespräch hineingeschubst zu werden, besonders dann nicht, wenn sie gerade die Stille genießen und mit sich selbst beschäftigt sind.

Versuchen Sie, mit ihm zu reden, ohne dass er sich bedroht oder schuldig fühlt. Beginnen Sie das Gespräch, und erzählen Sie ihm, wie Sie sich fühlen. Betonen Sie immer wieder, dass Sie ihm nur erzählen, wie es Ihnen geht, und dass es nicht seine Schuld ist.

Fangen Sie Ihre Sätze nicht an mit: „Nie machst du ...“, – „Immer musst du ...“ oder „Warum tust du nicht ...?“

Erzählen Sie ihm ohne Anschuldigungen, dass Sie Ihre Arbeit so nicht mehr schaffen und dass Sie sich überfordert fühlen. Dann fragen Sie ihn, ob er bereit wäre, Ihnen zu helfen. Sagen Sie ihm immer wieder, dass Ihnen die Beziehung zu ihm wichtig ist und dass Sie ihm das nicht sagen, um ihm sein Unvermögen vorzuhalten. Sie haben keine Kraft mehr und brauchen seine Hilfe. Diese Art von Hilfe gibt ein Mann gerne. Denn die meisten Männer wünschen sich, dass sie ihre Frauen vor Problemen retten können.

Doch auch hier ist es besonders wichtig, dass Sie vorher Ihre Motive prüfen. Denn Ihr Mann hat sehr feine Antennen dafür, ob Sie ihn nur manipulieren oder kontrollieren wollen. Wenn er das spürt, dann öffnet er sich nicht.

Gerade in diesem Bereich müssen Sie sich bemühen, ein einseitiges Gespräch zu vermeiden. Wehren Sie sich gegen den Drang, die ganze Zeit zu reden. Erläutern Sie ihm das Problem, so wie Sie es sehen, und fragen Sie ihn, ob er Ihnen bei der Lösung helfen kann. Auch hier wird er sofort in die Defensive gehen und nicht mit Ihnen zusammenarbeiten, wenn er das Gefühl hat, dass Sie ihm die Schuld für das Problem zuschieben. Versuchen Sie, bei Ihrem eigenen Problem und auf Ihrer Seite zu bleiben.

Stellen Sie sich vor, Sie gehen auf die Bank und sagen zu dem Angestellten: „Mein Konto ist immer leer. Egal, wie viel Geld ich auf das Konto einzahle, die Abbuchungen sind immer höher als die Einzahlungen. Können Sie mir helfen, das Problem zu lösen?"

Natürlich wird Ihnen der Bankangestellte raten, entweder Ihre Einzahlungen zu erhöhen oder weniger Geld auszugeben. Letztendlich bitten Sie Ihren Mann um nichts anderes. Schlagen Sie ihm ein paar Sachen vor, wie er ein bisschen mehr auf Ihr Konto einzahlen kann (zum Beispiel könnte er die Kinder zur Schule bringen, die Anzüge auf dem Weg von der Arbeit in der Reinigung abholen, mit seinen Eltern etwas allein unternehmen, wenn sie zu Besuch kommen, usw.) oder wie er die Ausgaben etwas reduzieren könnte (zum Beispiel könnte er an einem Abend in der Woche Pizza zum Abendessen mitbringen, mit den Kindern auf den Spielplatz gehen, damit Sie das Haus aufräumen können, Ihnen beim Bezahlen der Rechnungen helfen, usw).

Manchmal hilft es Ehepaaren, wenn sie sich einen Plan machen, wer für was zuständig ist. Dann passiert es nicht so schnell, dass man in alte Muster zurückfällt. Manche Ehepaare heften diesen Plan an die Innentür ihres Schranks oder neben ihren Wecker. Dadurch lesen Sie ihn immer wieder und erinnern sich an die Dinge, die sie übernommen haben.

Versuchen Sie, einen möglichst eindeutigen Plan zu machen. Es ist fast unmöglich, zu genau zu sein. Und selbst ein einfacher Plan hat oft mehr Erfolg, wenn man ihn schriftlich formuliert. Kritisieren Sie Ihren Mann nicht, wenn er einmal etwas vergisst oder nicht sofort erledigt. Geben Sie sich gegenseitig Zeit und helfen Sie einander. Viele Pläne müssen immer wieder umgeschrieben werden, da sie manchmal noch nicht ganz passen oder Dinge sich im Laufe der Zeit verändern.

Vergessen Sie nicht, ihn nach den Bereichen zu fragen, in denen er sich überfordert fühlt und sich Sorgen macht. Vielleicht wird Sie seine Antwort überraschen. Wir sind oft so sehr mit unseren eigenen Problemen und Unzulänglichkeiten beschäftigt, dass wir gar nicht merken, dass es unseren Männern in anderen Bereichen genauso geht wie uns. Normalerweise sprechen unsere Männer nicht darüber, es sei denn, wir fragen nach. Auch hier gilt wieder, dass Ihr Mann sich nur dann öffnet, wenn er nicht das Gefühl hat, dass Sie ihn kontrollieren oder manipulieren wollen.

Für manche Ehepaare ist es hilfreich, für ihre Situation zu beten. Dadurch kommt man gemeinsam mit dem Problem vor Gott und bittet ihn um Hilfe und Rat, wo man selbst nicht weiterweiß. Jeder gesteht sich ein, dass er ein Teil des Problem ist und dass es nur gemeinsam lösbar ist.

Veränderungen brauchen Zeit! Lassen Sie sich nicht entmutigen, wenn Sie oder Ihr Mann manchmal in alte Muster zurückfallen – das wird immer wieder passieren. Machen Sie trotzdem weiter.

Wenn Sie Hilfe brauchen, bitten Sie darum.

47. „Wenn ich erst darum bitten muss, dann zählt es nicht“

Der Satz: „Wenn ich erst darum bitten muss, dann zählt es nicht“ ist ein großes Hindernis für gute Kommunikation in einer Ehe.

Wenn Ihr Mann genauso denken würde wie Sie, dann müssten Sie ihn um nichts mehr bitten. Doch Männer haben sich nicht vorgenommen, ihre Frauen absichtlich in den Wahnsinn zu treiben. Sie haben nicht irgendwann entschieden, dass sie von nun an nichts mehr tun wollen, bis sie darum gebeten werden. Sie denken einfach nicht daran, bis sie von Ihnen gefragt werden.

Denken Sie einen Moment darüber nach. Vielleicht ändert sich Ihr Bild von Ihrem Mann deutlich, wenn Sie ihn einmal aus diesem Blickwinkel betrachten. Eine Frau denkt oft, dass ihr Mann einfach ausgestiegen ist. Sie kann nicht verstehen, warum sie ihren Mann um etwas bitten soll, das so offensichtlich ist. Der springende Punkt ist, dass es nur für sie offensichtlich ist, nicht für ihn.

Ich (Connie) kann mich noch genau an eine Situation erinnern. Vor ein paar Jahren wirbelte ich durch die Küche und versuchte unsere Töchter für die Schule fertig zu machen und gleichzeitig selbst alles zusammenzusuchen, damit ich auch das Haus verlassen konnte. Eine unserer Töchter brauchte noch ein Frühstücksbrot; unsere zweite Tochter brauchte eine Einverständniserklärung für den Schwimmunterricht; und die dritte musste noch gekämmt werden. Ich war völlig erschöpft, und der Tag hatte gerade erst angefangen. Ungefähr zu dieser Zeit kam mein Mann im Bademantel in die Küche – er hatte am Tag vorher bis in die Nacht gearbeitet –, setzte sich auf einen Stuhl und las die Zeitung.

Sicher wird er gleich sehen, dass ich hier durch die Küche hetze, und hilft mir, dachte ich. Das tat er nicht. Ich rannte also weiter hektisch durch die Küche und mein Mann vertiefte sich immer mehr in die Zeitung.

Mein Blutdruck schoss in die Höhe, und ich sagte ziemlich genervt: „Könntest du mir vielleicht ein bisschen helfen?"

„Mit was denn?", fragte er unschuldig und schaute von der Zeitung hoch.

„Einverständniserklärung unterschreiben, Brot schmieren, Haare kämmen, Handtasche suchen und dabei nicht den Verstand verlieren", antwortete ich kurz angebunden.

Er zog die Augenbrauen hoch. Natürlich spürte er sofort die dicke Luft.

„Natürlich", sagte er. „Du musst mich nur darum bitten."

Ich schaute ihn ungläubig an. Ich sollte also nicht nur Zettel unterschreiben, Brote schmieren, Haare kämmen und Taschen suchen, ich sollte ihn auch noch bitten, mir zu helfen. Sein Gesicht zeigte deutlich, dass er es ernst meinte.

Aber ich meinte es auch ernst. „Wenn ich erst darum bitten muss, dann zählt es nicht“, sagte ich. „Wie kannst du nur so ruhig dasitzen und die Zeitung lesen, ohne zu merken, dass wir alle in planloser Hektik sind?“

„Connie“, sagte er ruhig, „wenn du Hilfe brauchst, dann frag mich. Hör auf, darauf zu warten, dass ich deine Gedanken lese, denn das wird nie passieren.“

Deshalb wiederholen wir es hier noch einmal: Männer funktionieren nicht wie Frauen. Wenn eine Frau in die oben beschriebene Situation gekommen wäre, hätte sie das Chaos sofort gesehen, ein Messer genommen und das Brot geschmiert. Männer dagegen kommen in denselben Raum, sehen die Zeitung und fragen sich, wer wohl das Fußballspiel gestern Abend gewonnen hat. Sie merken gar nicht, dass eine häusliche Krise direkt vor ihrer Nase im Gange ist.

Männer mögen es, wenn wir sie nicht nur um Hilfe bitten, sondern ihnen auch sagen, was sie tun sollen. Sie könnten zum Beispiel sagen: „Super, dass du da bist! Könntest du diesen Zettel unterschreiben und alles wieder zusammen in Lisas Ordner packen, während ich die Frühstücksbrote schmiere?“ Dadurch haben Sie ihm auf freundliche Weise gezeigt, dass Sie gestresst sind. Außerdem geben Sie ihm eine Möglichkeit, wie er Ihnen helfen kann.

Wir wollen das oben Gesagte noch einmal in fünf Punkten zusammenfassen:

1. Wenn Sie ihn bitten müssen, dann tun Sie das!
2. Wenn Sie ihn erst auf etwas hätten aufmerksam machen müssen, darum bitten müssen, dann zählt es trotzdem!
3. Seien Sie ihm nicht böse, dass er Sie zum Bitten „zwingt“.
4. Erklären Sie ihm den Auftrag genau.
5. Zeigen Sie ihm, wie dankbar Sie ihm für seine Hilfe sind, selbst wenn Sie ihn darum bitten mussten. Männer mögen Anerkennung, denn das motiviert sie. Ihre ehrliche Dankbarkeit wird ihn anspornen, Ihnen auch in Zukunft zu helfen – selbst wenn Sie ihn auch dann darum bitten müssen!

Gehen Sie davon aus, dass Sie Ihren Mann um Hilfe bitten müssen. Das ist oft der einzige Weg, ihm zu zeigen, dass Sie seine Hilfe brauchen.

48. Wenn es nicht gleich funktioniert ...

Was können Sie tun, wenn Sie Ihren Mann darum bitten, etwas zu tun, und er vergisst es immer wieder? Die meisten Frauen machen den Fehler, immer und immer wieder darum zu bitten und bei jedem Mal etwas lauter und unfreundlicher zu werden. Daraus wird sehr schnell ein generelles Herumnörgeln. Dann fühlt sich Ihr Mann wie ein Kind behandelt. Sofort wird er sich in Verteidigungsposition begeben.

Der bessere Weg ist, wenn Sie Ihren Mann immer wieder um dieselbe Sache bitten, aber mit gleichbleibender Freundlichkeit. Wenn Sie das schaffen, dann verlassen Sie die Rolle der ständigen Nörglerin und genervten Mutter und bleiben seine Ehefrau. Sie werden überrascht sein, wie sehr ihn das motiviert.

Vor einigen Jahren habe ich (Connie) das zum ersten Mal ausprobiert. Ich bat meinen Mann, sich unser Abflussrohr unter der Spüle einmal anzusehen, denn es leckte. Er versprach, sich darum zu kümmern.

Einige Tage später war es unter der Spüle immer noch feucht, und ich war mir sicher, er hatte es vergessen.

„Liebling, wenn du eine Minute Zeit hast, könntest du bitte kurz unter der Spüle nachsehen? Da ist es so nass“, bat ich ihn, als ob ich ihn vorher noch nie darum gebeten hätte.

„Es tut mir so leid“, sagte er. „Ich hatte das total vergessen.“

Einige Tage später war das Leck immer noch da.

„Ich weiß, du hast gerade viel zu tun“, sagte ich ganz ernst (ohne zu seufzen oder mit den Auge zu rollen), „aber wenn du irgendwann eine Minute Zeit hast, könntest du dir das Leck unter der Spüle bitte einmal anschauen?“

Das war der Schlüssel. Er ließ sofort alles stehen und liegen und schaute sich das Leck an. Das lag zum Teil sicher daran, dass ich keinen Wortkrieg vom Zaun gebrochen hatte. Damit hätte ich ihn am Ende mit meinen Beschuldigungen dazu gebracht, sofort zu tun, was ich wollte – aber zu welchem Preis!

Viele Frauen sind mit ihren Kindern viel nachgiebiger als mit ihrem Mann. Ihre Kinder bitten sie sehr häufig freundlich darum, etwas für sie zu tun, ohne dass es irgendwelche Konsequenzen gibt, wenn sie es nicht tun.

Wenn sie allerdings ihren Mann um etwas bittet, und er macht es nicht sofort, dann spürt er meistens sofort die Konsequenzen. Machen Sie sich immer wieder bewusst, dass Sie Ihre Kinder erziehen sollen, nicht Ihren Mann.

Seien Sie geduldig mit Ihrem Mann und bitten Sie ihn einfach noch einmal.

Geduld ist eine Tugend. Deshalb üben Sie sich in Geduld.

49. Geben Sie Ihren Worten den richtigen Rahmen

Gibt es auf dieser Erde einen Menschen, der noch nie zu sich selbst gesagt hat: „Ich glaube, das hätte man auch besser ausdrücken können“?

Natürlich kann man vieles besser ausdrücken. Es ist möglich, seine Gedanken so zu formulieren, dass der Gesprächspartner ermutigt und zum Gespräch eingeladen wird. Man nennt das auch „seinen Worten den richtigen Rahmen geben“.

Was wir damit meinen, ist, dass man die Wahrheit auf verschiedene Weise sagen kann.

Eines Tages bekam ich Besuch aus einer anderen Stadt und war ziemlich im Stress. Ich sagte also zu meinem Mann: „Könntest du dir vorstellen, mir einen großen Gefallen zu tun? Ich kann dir gar nicht sagen, wie sehr ich mich darüber freuen würde und wie dankbar ich dir wäre. Meinst du, es wäre möglich?"

Er bekam sofort einen etwas nervösen Gesichtsausdruck und fragte sich, was mir denn so viel bedeuten würde. Ich fragte ihn, ob er für mich zum Supermarkt fahren und ein paar Dinge für das Mittagessen einkaufen könnte. Er sagte sofort ja, wahrscheinlich sehr erleichtert darüber, dass die ganze Vorrede in so einer Kleinigkeit geendet hatte. Für mich war es aber keine Kleinigkeit. Ich hatte lediglich versucht, meine Bitte mit meinen Worten „einzurahmen", um ihm zu zeigen, wie wichtig es mir war.

Einmal hat er mich gefragt: „Wie steht mir Hellgrau?" Statt ihm nun zu antworten, dass diese Farbe sein Gesicht total bleich macht und er dadurch sehr krank wirkt, sagte ich: „Braun steht dir so viel besser. Das passt zu deinen Augen und betont deine gesunde Gesichtsfarbe." Beide Aussagen sind wahr. Aber die zweite Aussage drückt die Wahrheit so aus, dass sie nicht verletzend ist.

Ein Mann, der längere Zeit arbeitslos gewesen und jetzt auf dem Weg zu einem Vorstellungsgespräch war, fragte seine Frau: „Glaubst du, dass ich es in der Geschäftswelt zu etwas bringen kann?"

Ohne zu zögern antwortete sie: „Natürlich! Du hast im Laufe der Zeit so viele Talente entdeckt und Fähigkeiten entwickelt. Das kannst du gar nicht wieder verlernen, genauso wenig wie du das Fahrradfahren wieder verlernen könntest. Außerdem bist du durch die schwierige Zeit, die hinter uns liegt, viel weiser geworden und hast deine Prioritäten geordnet. Ich war noch nie so stolz auf dich wie heute!" Ihre Worte voller Liebe und Wahrheit gaben ihm neuen Mut und Selbstvertrauen.

Unsere Worte haben große Kraft – zu ermutigen oder zu verletzen, Kraft zu geben oder zu zerstören. Deshalb ist es wichtig, dass wir auf unsere Worte achten.

Worte können heilen und dem Zuhörer neue Kraft und Hoffnung geben. In der Bibel wird die Zunge mit einem Feuer verglichen (Jakobus 3,5+6). Wenn das Feuer unter Kontrolle ist, dann kann es uns wärmen. Wir können Energie aus seiner Hitze gewinnen.

Wenn das Feuer außer Kontrolle gerät, dann kann es großen Schaden anrichten. So auch die Zunge. Ihr Feuer kann durch ein Haus fegen und vieles zerstören und verbrennen. Selbst wenn die Bewohner überleben, sind sie hinterher vom Feuer gezeichnet.

Achten Sie auf Ihre Worte und überlegen Sie lieber zweimal, was Sie sagen. Geben Sie Ihren Worten einen Rahmen, der den Zuhörer segnet und ermutigt, denn Worte kann man nicht ungesagt machen.

Der Wert eines Bildes steigt mit dem richtigen Rahmen – so auch der Wert Ihrer Worte.

50. Geben Sie Ihren Worten die richtige Farbe

Wir wollen noch ein bisschen bei den Wortbildern bleiben, denn das ist ein guter Weg, wenn Sie mit Ihrem Mann ins Gespräch kommen wollen.

Wortbilder sind die Worte, die Sie benutzen, um ein Bild zu malen. Das hilft Ihrem Mann, besser zu verstehen, was Sie ihm sagen wollen. Dabei geht es darum, dass Sie Worte, Ausdrücke und Ideen benutzen, die er versteht.

Nehmen wir ein Beispiel. Sie und Ihr Mann sind bei Ihrer Lieblingstante eingeladen. Ihr Mann kennt diese Tante aber nur flüchtig und sieht sie nur ab und zu. Er möchte eigentlich nicht mitgehen und schlägt Ihnen vor, dass Sie doch auch allein gehen könnten. Sie wissen aber, dass Ihre Tante darüber sehr traurig wäre, da Ihre Tante Sie sehr lieb hat und auch Ihren Mann gerne besser kennenlernen möchte.

Sie könnten nun folgendes Wortbild malen: „Liebling, stell dir vor, der Vorstand eurer Firma lädt uns zum Essen ein. Natürlich würdest du hingehen und hättest mich auch gerne dabei. Da ich euren Vorstand aber fast gar nicht kenne und ihn auch sehr selten sehe, schlage ich dir vor, dass du allein gehst. Wie fändest du das?“

Dadurch wird Ihr Mann die Situation in einem ganz andern Licht sehen.

Vor Kurzem, als wir mit diesem Buch fast fertig waren, beschloss mein (Connies) Mann, dass ich ein paar Feinheiten über meinen Computer lernen sollte. Ich war seit zwei Uhr morgens auf, da der Abgabetermin für das Buch immer näherrückte. Es war jetzt ungefähr acht Uhr abends, und ich war völlig erschöpft.

„Schatz“, sagte ich zu ihm. „Stell dir vor, du schlägst ein paar Eier in die Pfanne. Dann brätst du sie drei Stunden auf einer Seite. Danach drehst du die Eier um und brätst sie noch einmal drei Stunden auf der anderen Seite. Kannst du dir vorstellen, wie diese armen Eier dann aussehen? Genauso fühlt sich mein Gehirn gerade an. Könntest du mir das morgen erklären, wenn ich ausgeschlafen bin?“

„Natürlich“, antwortete er. „Das mache ich gerne. Ich wusste ja gar nicht, dass du so müde bist.“

Malen Sie Bilder mit Ihren Worten, damit Ihr Mann versteht, wie Sie sich fühlen. Ermutigen Sie ihn dazu, auch solche Bilder zu malen. Sie sind ein effektives Mittel der Kommunikation.

> Wortbilder sagen oft mehr, als bloße Worte es können.

51. „Bin ich immer noch dein Schatz?“

Fragen Sie Ihren Mann nicht ständig, ob alles in Ordnung ist oder ob etwas nicht stimmt. Die meisten Männer glauben dann, dass etwas nicht in Ordnung ist.

Das ist für eine Frau schwer zu verstehen, denn ihre fürsorgliche Seite lässt sie diese Frage immer wieder stellen. Sie mag es, wenn ihr Mann sie immer wieder fragt, ob es ihr gut geht – es zeigt ihr, dass sie ihm wichtig ist. Doch einem Mann zeigt die Frage etwas anderes – nörgeln und bemuttern, und beides mag er nicht besonders. Ich (Connie) habe meinem Mann diese Frage immer wieder gestellt, weil er meiner Meinung nach immer so still war.

„Ist alles in Ordnung mit dir?“, fragte ich ihn.

„Bis jetzt ging es mit gut“, antwortete er mir mit besonderer Betonung auf dem „jetzt“. Ich wusste damals noch nicht, wie sehr Männer diese Frage hassen.

Statt dieser Frage könnten Sie sich mit Ihrem Mann auf ein Codewort oder einen Satz einigen, die dasselbe meinen, ihn aber nicht aufregen. Mein (Connies) Mann zum Beispiel hat mich nach vielen Ehejahren plötzlich mit „Schatz“ angesprochen. Zuerst war ich sehr überrascht; ich schaute mich verwundert um, ob noch eine andere Person im Raum war. Er hatte mich vorher noch nie mit einem Kosenamen angeredet. Doch ich gewöhnte mich sehr schnell an diesen neuen Kosenamen und unterschrieb bald meine E-Mails an ihn mit s für Schatz statt mit c für Connie.

Einige Zeit später ärgerte er sich sehr über etwas. Statt ihn zu fragen: „Ist alles in Ordnung?“, wie ich es sonst immer getan hatte, fragte ich: „Bin ich immer noch dein Schatz?“ Er musste lachen, obwohl er innerlich kochte, weil ich etwas Wichtiges vergessen hatte.

„Bin ich immer noch dein Schatz?“ ist so eine Art Code zwischen uns geworden. Und selbst wenn ihn gerade irgendetwas sehr beschäftigt, dann scheint alles ein bisschen leichter zu werden, wenn er mir sagt, dass ich immer noch sein Schatz bin.

Eine Freundin sagt in solchen Situationen zu ihrem Mann: „Möchtest du angeln gehen?“ Das bedeutet: „Brauchst du etwas Zeit für dich?“ oder „Möchtest du allein wegfahren?“ Das ist ihre Art, ihren Mann zu fragen, ob alles in Ordnung ist.

Ehepaare, die ihre eigene Sprache entwickeln, stehen sich oft näher und verstehen sich besser als andere Paare.

Entwickeln Sie Ihre eigene Ehesprache mit Ihrem Mann.

52. Ankündigungen funktionieren nicht

Wenn es ein Buch gäbe mit dem Titel „Die zehn besten Wege, wie man einen Abend ruinieren kann", dann stünden Ankündigungen ganz oben auf der Liste. Hier sind ein paar Sätze, wie man ein Gespräch nicht beginnen sollte:

- „Es gibt ein paar Dinge, die solltest du wissen."
- „Es gibt etwas, das wollte ich dir schon lange einmal sagen."
- „Wir müssen uns unbedingt einmal ein paar Gedanken über bestimmte Themen machen."
- „Es gibt etwas, was ich noch mit dir besprechen muss."
- „Hast du in den nächsten Tagen ein bisschen Zeit? Wir müssen dringend einige Dinge besprechen."

Ankündigungen braucht man auf dem Flughafen, für eine Wirbelsturmwarnung oder für eine Theatervorstellung. In einem Gespräch mit einem Mann bewirken sie nur eins: Er macht zu und geht in Verteidigungsposition – er rüstet sich für ein Wortgefecht. Selbst der sensibelste Mann wird versuchen, seine Position zu verteidigen, und statt zuzuhören wird er zu seinem eigenen Anwalt.

Hinter solchen Ankündigungen steht eine versteckte treibende Kraft: das Unvermögen mit Problemen gleich und ohne Umschweife umzugehen und nach einer Lösung zu suchen.

Ich (Nancy) habe erst vor kurzer Zeit solch eine Erfahrung gemacht. Mein Mann hatte sich den Tag freigenommen. Er mähte den Rasen, wusch das Auto, saugte das Wohnzimmer und räumte ein bisschen auf. Als ich von der Arbeit nach Hause kam, legte ich meine Tasche und Schlüssel auf den Wohnzimmertisch. Er fand das gar nicht gut, denn dadurch sah das Wohnzimmer wieder sehr unordentlich aus. Ich räumte meine Sachen also wieder vom Tisch und trug sie in den Flur. Dabei war ich immer noch sehr dankbar für alles, was er an diesem Tag gemacht hatte. Dann fragte er mich, wo die große Einkaufstasche sei. Er brauchte sie für einen Ausflug am nächsten Tag. Ich sagte es ihm, und er ging zum Auto, um sie zu holen. Doch die Tasche war voll mit meinen Sachen. Als er anfing, sie zu leeren, wurde er langsam etwas ärgerlich, denn es war ziemlich viel Müll darin. Er kam wieder ins Haus und fragte mich, ob ich nicht ein bisschen ordentlicher sein könnte.

Dazu sagte ich erst einmal nichts. Nach einiger Zeit fragte er mich dann, wie es an der Arbeit gewesen war. Darüber freute ich mich und erzählte ihm mit vielen Details, was heute passiert war. Vielleicht war er einfach müde von dem langen Tag, an dem er vieles im und um das Haus getan hatte, jedenfalls unterbrach er mich mitten im Satz und sagte, er würde sich jetzt lieber die Sportschau ansehen.

Dieser letzte Satz brachte mich zum Kochen, und ich kündigte an: „Wir müssen unbedingt reden." Mein Mann war überhaupt nicht daran interessiert, die Dinge jetzt zu klären, und sagte mir das auch. Auf so eine Ankündigung hat er noch nie positiv reagiert.

Ich hatte also viel Zeit, um noch einmal über unser Gespräch nachzudenken, und dabei fiel mir auf, dass es mir genauso geht. Ich mag es auch nicht, wenn mich jemand anruft, nur um mir zu sagen: „Können wir uns irgendwann treffen? Ich muss mit dir reden." Sofort geht mein Schutzschild hoch und mir fallen tausend Sachen ein, die der Grund für ein Gespräch sein könnten. Habe ich etwas Falsches gesagt oder getan? Habe ich etwas Wichtiges vergessen und jemanden verletzt?

Wenn mich heute jemand mit diesen Worten anruft, dann frage ich gleich nach dem Grund für das Gespräch. Es ist sehr verunsichernd, wenn man keine Ahnung hat, in welche Richtung sich das Gespräch entwickeln wird.

Da ich eigentlich weiß, dass es niemanden gibt, der sich über solche Ankündigungen freut, hätte ich im Gespräch mit meinem Mann anders reagieren müssen. Als ich ein bisschen darüber nachgedacht hatte, fielen mir gleich mehrere Möglichkeiten ein, wie ich hätte reagieren können.

- Ich hätte seine Spitze überhören und mir vorstellen können, wie müde er wahrscheinlich nach dem langen, arbeitsreichen Tag war.
- Ich hätte mich dafür entschuldigen können, dass ich seine Ordnung im Wohnzimmer wieder durcheinandergebracht hatte.
- Ich hätte mich daran erinnern können, dass es mein Mann

nicht mag, wenn ich ihm zu viele Details und zu lange Geschichten erzähle.
- Und ich hätte warten können, bis ich nicht mehr so genervt und er nicht mehr so müde war, um noch einmal darüber zu reden, wenn es mir wirklich so wichtig war.

Wenn Sie sich Gespräche mit Ihrem Mann wünschen, dann sollten Sie Ankündigungen unbedingt vermeiden.

> Ankündigungen bringen Sie nicht weiter. Sie verschärfen oft nur das Problem.

53. Reden Sie nicht immer wieder über Dinge, die Ihr Mann nicht ändern kann

Reden Sie nicht immer wieder über Probleme, die Ihr Mann weder ändern noch vermeiden kann. Erinnern Sie sich immer wieder daran, dass ein Mann den Dingen gerne auf den Grund geht. Wenn es aber keine Lösung für das gibt, worüber Sie reden, dann endet das bei Ihrem Mann in Frust und Ärger.

Er kann zum Beispiel nichts daran tun, dass sich zwei Ihrer besten Freundinnen nicht verstehen. Er kann Sie nicht gesund machen. Er kann nicht Geld für einen neuen Teppich herzaubern. Je mehr Sie aber über diese unlösbaren Probleme reden, desto mehr hat er das Gefühl, er „sollte" dafür eine Lösung finden. Obwohl Sie ihm das alles nur erzählen, um darüber zu reden, denkt er, dass er das Problem für Sie lösen muss. Da er das aber nicht kann, fühlt er sich unfähig und schlecht, vor allem, wenn Sie durch Ihr Problem emotional immer erschöpfter werden.

Wenn Sie unbedingt über etwas reden müssen, das er nicht für Sie lösen kann, dann sagen Sie ihm das. „Liebling, ich möchte dir gerne etwas erzählen. Es hat nichts mit dir zu tun, und ich erwarte auch nicht, dass du das Problem für mich löst. Ich brauche nur jemanden, der mir einmal zuhört. Vielleicht muss ich weinen, aber auch das hat nichts mir dir zu tun, und du kannst mir nicht wirklich helfen. Es ist allein mein Problem, aber es würde mir sehr gut tun, dir alles einmal zu erzählen."

Durch diese Einleitung machen Sie Ihrem Mann von Anfang an deutlich, dass Sie nichts von ihm erwarten. Er kann Ihnen jetzt einfach zuhören, ohne ständig nach einer Lösung zu suchen. Das wird ihn sehr entspannen. Haben Sie ihm einmal alles erzählt, dann tun Sie das nicht immer wieder, denn sonst wird er bald denken, dass Sie von ihm doch eine Lösung erwarten.

Auf der anderen Seite erwartet Ihr Mann immer einen Lösungsvorschlag von Ihnen, wenn er Ihnen von einer Sache erzählt, mit der er Probleme hat. Er möchte gerne, dass Sie ihm bei seinem Problem helfen – er braucht nicht nur einen Zuhörer.

Nehmen wir ein Beispiel. Ihr Mann beschwert sich bei Ihnen darüber, dass die Schuhe, die er aus dem Katalog bestellt hat, zu klein sind. „Warum können die Schuhgrößen nicht überall gleich groß sein?", grummelt er vor sich hin. Er macht keine Andeutungen, sondern redet einfach über sein Problem. Was er von Ihnen gerne hören möchte, ist: „Hey, mein Schatz. Das ist doch kein Problem. Tu die Schuhe zurück in den Karton. Ich klebe ihn wieder zu, fülle den Retourschein aus und bringe das Ganze morgen zur Post."

Vielleicht denken Sie jetzt: Warum muss ich mich eigentlich darum kümmern, wenn er einen Fehler macht? Ich habe doch auch viel zu tun. Eigentlich habe ich gar keine Zeit dafür, seine Schuhe wieder zu verpacken und zur Post zu bringen. Er hat die falsche Größe bestellt; jetzt kann er die Schuhe auch zurückschicken. Er macht das nie für mich, warum sollte ich es also für ihn tun.

Warum ist es so wichtig, dass der Punktestand immer ausgeglichen ist? Warum können wir unseren Männern nicht einfach helfen, besonders in den Bereichen, die uns leichter fallen und die wir besser beherrschen? Auf Dauer wird Ihr Mann merken, dass Sie nicht mehr aufrechnen, sondern für ihn da sind. Dadurch wird er sehr viel eher bereit sein, mit Ihnen offen zu reden und auch für Sie da zu sein.

> Wenn Ihr Mann sich beschwert und grummelt, dann betrachten Sie das als Einladung. Helfen Sie Ihrem Mann, wenn es nötig ist.

54. Legen Sie sich ein dickeres Fell zu

Wir haben eine Umfrage unter dreihundert Männern gemacht, um herauszufinden, warum sie nicht häufiger mit ihren Frauen reden. Als einer der Hauptgründe dafür gaben sie an, dass ihre Frauen im Gespräch oft überreagierten.

Stellen Sie sich einmal die folgenden Fragen. Welche Reaktion lösen sie bei Ihnen aus?

- Werden Ihre Gefühle mehr als einmal am Tag verletzt?
- Möchten Sie denen, die Sie verletzen, gern „Gleiches mit Gleichem vergelten"?
- Sind Sie nachtragend?
- Akzeptieren Sie bereitwillig die Entschuldigungen von denen, die Sie verletzt haben?
- Schmollen Sie gern?
- Ziehen Sie sich von Ihrem „Angreifer" zurück?
- Zeigen Sie ihm die kalte Schulter?
- Vergessen Sie manchmal, was Sie am Anfang eigentlich so getroffen hat?
- Wird Ihr Verhalten andern gegenüber von dem beeinflusst, wie Sie von ihnen behandelt werden?
- Halten Sie so lange an Ihrem Ärger fest, bis sich der andere entschuldigt hat?
- Regen Sie sich schon über Kleinigkeiten auf?
- Gehen Sie sofort in Verteidigungsposition, selbst bei konstruktiver Kritik?
- Erwarten Sie, dass andere Rücksicht auf Sie nehmen?
- Halten Sie sich für eine sehr sensible Frau?

Warum sind uns wohl diese Fragen eingefallen? Es gab eine Zeit, da hätte keine von uns beiden bei diesem Test besonders gut abgeschnitten. Doch wir haben seitdem viel Zeit und Kraft investiert, sind an den Herausforderungen gewachsen und haben viel über uns gelernt.

Lassen Sie uns noch einen Schritt weitergehen. Wie würden Sie sich in den folgenden beiden Situation verhalten?

1. Sie sitzen mit Ihrem Mann im Auto und sind auf dem Weg zu einem Geschäftsessen. Sein Chef und alle seine Mitarbeiter werden auch da sein. Plötzlich schaut Sie Ihr Mann während der Fahrt an und sagt: „Warum hast du heute gerade dieses Kleid angezogen?"

a) Würden Sie verletzt sein und sich innerlich von ihm zurückziehen?
b) Würden Sie kurz auflachen und antworten: „Weil es mir sehr gut gefällt und ich finde, dass ich gut darin aussehe"?

2. Ihr Mann schaut Ihnen dabei zu, wie Sie ein Eis aus der Gefriertruhe holen und aufreißen. Dabei erinnert er sich daran, dass Sie ihm gesagt haben, Sie wollten fünf Kilo abnehmen. Deshalb sagt er freundlich: „Auf diese Weise wirst du die fünf Kilo nie abnehmen!"

a) Würden Sie antworten, dass es ihm auch guttäte, ein paar Kilos abzunehmen?
b) Oder ihm für seine Unterstützung danken und das Eis in den Gefrierschrank zurücklegen?
c) Oder würden Sie ihm einen bösen Blick zuwerfen und ihm für den Rest des Abends die kalte Schulter zeigen?

In diesen Situationen hat Ihr Mann nur die Wahrheit gesagt. Ihre Reaktion auf seine ehrlichen Kommentare bestimmt in großem Maße, wie frei Ihr Mann seine Meinung äußert, ohne gleich Zurückweisung und Streit befürchten zu müssen.

Mein (Connies) Mann geht sehr gerne ins Kino. Ich halte die meisten Filme für Zeit- und Geldverschwendung. Es macht mir nichts aus zu warten, bis die Filme auf DVD erscheinen und wir sie ausleihen können. Vor Kurzem hatte ich mit unseren Töchtern abends etwas vor, deshalb beschloss mein Mann, ins Kino zu gehen, um einen neuen Science-Fiction-Film zu sehen. Er hatte sich schon den ganzen Tag darauf gefreut. Als ich nach Hause kam, fragte ich ihn, ob der Film gut war.

„Du hättest ihn sowieso nicht verstanden", sagte er.

Wie schwer kann es sein, einen Film zu verstehen? Wie kann er nur sagen, dass ich ihn nicht verstanden hätte? Natürlich hätte ich ihn verstanden. „Was meinst du damit?", fragte ich ihn.

„Ach, du weißt schon“, antwortete er. „Es gibt so viele Filme, die du einfach nicht verstehst.“

Für einen Moment wollte ich in einem nicht sehr freundlichen Ton sagen: „Es stimmt gar nicht, dass ich die Filme nicht verstehe. Es ist vielmehr so, dass es in diesen Filmen gar nicht viel zu verstehen gibt.“

Ich wusste sofort, dass ich kurz davor war, überzureagieren, also sagte ich nichts. (Das ist immer eine gute Maßnahme, wenn Sie nicht sicher sind, was Sie als Nächstes sagen sollten.) Ich behandelte ihn nicht kühl, ich verhielt mich nicht, als wäre ich verletzt. Ich hielt einfach für einen Moment meinen Mund und wechselte anschließend das Thema. Ich würde ihm später sagen, wie sehr mich diese Bemerkung aufgeregt hatte.

Drei Tage später musste ich angestrengt nachdenken, um mich zu erinnern, worum es eigentlich gegangen war. Es war einfach nicht mehr wichtig. In der Rückschau war es fast sogar ein bisschen witzig. Es gibt Filme, die ich wirklich nicht verstehe – vor allem Science-Fiction-Filme. Ich bin immer noch nicht überzeugt davon, dass diese Filme wirklich eine Handlung haben. Aber meinem Mann gefallen sie, und das ist die Hauptsache. Er wollte mich nicht verletzen. Das weiß ich jetzt.

Wir müssen lernen, besser mit der Wahrheit zu leben – auch wenn es uns schwerfällt. Wenn wir uns der Wahrheit stellen und bereit sind, sie zu hören, dann macht die Wahrheit frei – und kann Frieden in unser Haus bringen. Unser Partner ist in diesem Bereich unsere größte Herausforderung. Wie in einem Spiegel werden wir in ihm immer wieder mit unseren Abgründen konfrontiert. Das ist die größte Chance zu wachsen, zu reifen und sich selbst zu finden.

> Mit einem dicken Fell wird man nicht geboren, man erarbeitet es sich.

55. Bestrafen Sie ihn nicht für seine Ehrlichkeit

Männer sagen, was ihnen durch den Kopf geht.

Ich (Connie) brauchte eine neue Brille. Also nutzte ich den Besuch bei meinen Eltern, um nach einem Gestell zu suchen. Mit Hilfe meiner modebewussten Töchter suchte ich mir eine moderne Form aus, die sehr gut zu meinem Gesicht passte. Meine Töchter fanden das Gestell wunderschön, und meine Mutter auch. Wie könnte ich da etwas falsch machen?

Als wir nach Omaha zurückkamen, fragte ich meinen Mann, wie er die Brille fand. Wie bei allem, was er tut, wollte er mir auch jetzt eine gut überlegte und ausgereifte Antwort geben. Er ging um mich herum und schaute sich mein Gesicht aus verschiedenen Blickwinkeln an. Dann sagte er: „Sie gefällt mir nicht."

Ich war total getroffen und sagte ihm, dass er mich mit seiner Antwort ziemlich verletzt hatte.

„Warum?", fragte er. „Du hast mich nach meiner Meinung gefragt, und ich habe sie dir gesagt."

„Gefällt dir die Brille denn besser als die alte?", fragte ich ihn jetzt.

„Nein, die hat mir auch noch nie gefallen. Sie erinnert mich an meine Großmutter."

„Jetzt hast du mich wirklich verletzt", sagte ich ihm.

„Connie", sagte er ruhig, „wenn du meine Meinung nicht hören willst, dann frag mich nicht. Ich beantworte nur ehrlich deine Fragen. Ich will dich nicht persönlich beleidigen, wir reden doch nur über eine Brille!"

Meine Gefühle sagten mir, dass wir über viel mehr redeten, doch was er sagte, konnte ich nachvollziehen. Mein Mann hatte mich nicht kritisiert. Ich hatte seinen Kommentar über die Brille auf mich bezogen. Er hatte mir nur seine ehrliche Meinung gesagt, weil ich danach gefragt hatte.

Ein anderes Beispiel: Eine Freundin wollte etwas besonders Schönes auf der Betriebsweihnachtsfeier ihres Mannes anziehen. Tagelang machte sie sich Gedanken, bevor sie das Kleid fand, das in ihren

Augen perfekt geeignet war – ein grünes Seidenkleid, das sowohl für den Anlass als auch zu der Jahreszeit passte.

An diesem Abend nahm sie sich besonders viel Zeit zum Anziehen und Schminken. Sie wartete, bis ihr Mann nach unten gegangen war, bevor sie sich das Kleid anzog. Ein paar Minuten später kam sie dann die Treppe herunter und fragte: „Liebling, wie sehe ich aus?“

Er sah sie kurz an und sagte: „Wie Kermit, der Frosch.“

Sie war völlig am Boden zerstört, und er wusste gar nicht warum.

„Ich habe gar nicht gesagt, dass ich das Kleid nicht mag“, versuchte er seine Antwort zu erklären. „Ich habe doch nur gesagt, dass es mich ein bisschen an Kermit, den Frosch, erinnert. Schließlich hast du mich gefragt, was ich denke.“

Männer äußern ihre Meinung meistens offen und ehrlich und ohne Hintergedanken. Sie denken gar nicht daran, dass ihre Bemerkungen verletzend sein könnten.

Lernen Sie zu hören, was Ihr Mann sagt, und belassen Sie es dabei. Nehmen Sie nicht alles persönlich oder legen es auf die Goldwaage. Geben Sie ihm die Freiheit, seine eigene Meinung zu haben und sie auch ehrlich zu äußern. Besonders dann, wenn Sie ihn danach gefragt haben.

> Ermutigen Sie Ihren Mann, ehrlich seine Meinung zu sagen, ohne ihn dafür zu kritisieren.

Teil 5

Über die Beziehung

Das Feuer in Gang halten

Ich bin jetzt fünfundachtzig.
Die ersten dreißig Jahre unserer Ehe habe ich damit verbracht,
zu erwarten, dass mein Mann mehr so wird wie ich.
Die nächsten dreißig Jahre habe ich damit verbracht,
ihm vorzuwerfen, dass er nicht so ist wie ich.
Ihr jungen Mädchen – und damit meine ich alle unter achtzig –,
macht es nicht so wie ich.
Das ist kein Leben, das ist stumpfsinnige Plackerei.
Ihr wollt leben. Ihr wollt euch nicht abrackern. Glaubt mir.
Versteht eure Männer und hört nicht auf zu leben.
Eine Freundin

Die Ehe ist wie ein Garten. Im folgenden Teil wollen wir uns über das Unkrautjäten, das Gießen und das Düngen des Gartens Gedanken machen, damit es überall grünt und blüht. Wenn Sie selbst ein bisschen Ahnung haben, dann haben Sie sicher schon herausgefunden, dass es sinnlos ist, Blumen, die viel Sonne brauchen, unter den Schatten eines großen Baumes zu pflanzen. Dort bekommen sie nicht das, was sie zum Wachsen und Blühen brauchen. Sie können die Erde um die eingehende Pflanze auflockern, guten Dünger benutzen oder liebevoll mit ihr reden, doch das wird sie nicht zum Blühen bringen. Sie bekommt einfach nicht das, was sie braucht.

Vielleicht ist das der Ort, an dem Ihr Mann gerade ist – ein Ort, an dem er nicht wachsen und gedeihen kann, weil er nicht das bekommt, was er braucht. Wenn das der Fall ist, dann kommt ihm bestimmt nicht in den Sinn, sich Ihnen zu öffnen und das Gespräch zu suchen. Deshalb wollen wir Ihnen in den nächsten Kapiteln ein paar Anregungen dazu geben, wie man den Ehegarten pflegt. Wir denken, dass die Umsetzung der Ideen in Ihrem Beziehungsgarten nicht nur das Unkraut jätet, das nötige Wasser bringt und für genug Nährstoffe sorgt, sondern auch Ihnen persönlich helfen kann, sich zu verändern und zu wachsen.

56. Überlassen Sie ihm seinen Teil

Frauen haben oft das Gefühl, dass sie mehr in ihre Ehe investieren als ihre Männer. Am Anfang scheint ihnen das nicht so viel auszumachen, doch im Laufe der Zeit schon.

Vor nicht allzu langer Zeit haben wir ein mehrwöchiges Seminar mit ungefähr hundert Frauen zum Thema Ehe veranstaltet. Nach ein paar Tagen meldete sich eine Frau und sagte: „Wann bringt jemand unseren Männern endlich bei, wie sie uns lieben sollen? Wann investieren sie ihren Teil in die Ehe? Warum muss man als Frau immer so viel mehr geben?" Viele Teilnehmerinnen fingen an zu lachen, und ein paar Frauen klatschten sogar Beifall. Diese eine Frau hatte offensichtlich den Mut gehabt, das auszusprechen, was viele gedacht haben.

Ungefähr zu derselben Zeit wurden wir von einem Radiosender in Florida eingeladen, um in einem Interview über unser erstes Buch zu sprechen. Der Moderator der Sendung war sehr witzig und offen. Mitten in der Sendung sagte er plötzlich, er habe das Gefühl, dass Frauen sich nach der Hochzeit sehr stark verändern, die Männer dagegen nur ganz wenig.

„Was haben Sie da gerade gesagt?", fragten wir. „Verändern sich die Frauen Ihrer Meinung nach zum Besseren oder Schlechteren?"

„Oh, ganz ohne Zweifel zum Schlechteren", antwortete er.

Wir taten so, als ob wir uns über seinen Kommentar ziemlich aufregen würden, und forderten eine Erklärung.

„Ich beobachte immer wieder, dass Frauen in der Zeit vor und in den ersten Jahren nach der Hochzeit viel und gerne geben – als ob es in der Natur der Frau so vorgesehen ist", sagte er. „Wir Männer könnten sie in diesem Bereich gar nicht überbieten, selbst wenn wir es versuchen würden. Doch einige Zeit nach der Hochzeit wird anscheinend diese kleine Aufrechnungsmaschine geboren. Plötzlich wehrt sich die Frau dagegen, all das zu geben, was sie vorher freiwillig tun wollte und auf das sie manchmal sogar bestanden hat. Sie reibt ihrem Mann immer wieder unter die Nase, dass er auch etwas tun muss, bis er ihren Köder schluckt und hektisch losrennt. Doch dieser arme Mann weiß weder, was er tun, noch wohin er rennen soll. Er weiß nur, dass er so schnell wie möglich losrennen sollte. Ich verstehe das einfach nicht. Frauen verändern sich definitiv mehr nach der Hochzeit. Wir Männer dagegen bei Weitem nicht so viel."

Nachdem wir eine Weile darüber nachgedacht hatten, mussten wir zugeben, dass er recht hatte. Männer verändern sich tatsächlich nicht so viel nach der Hochzeit – genau das wird dann ja auch für ihre Frauen ein Problem.

Wer macht mehr für den anderen? Wer verändert sich mehr? Ist das wichtig? Sollten Sie wirklich Ihre ganze Kraft investieren und warten, bis Ihr Mann endlich seinen Teil tut, bevor Sie weitermachen und sich verändern? Wenn Sie wollen, dass Ihr Mann mit Ihnen spricht, dann sollten Sie über diese Fragen einmal nachdenken.

Es ist nicht ungewöhnlich oder überraschend, dass eine Frau sehr stark in ihre Ehe investiert. Diese Gabe – Beziehungen zu pflegen – liegt in ihrer Natur, so ist sie geschaffen worden. Genauso liegt es in der Natur des Mannes, dass er sich um seine Arbeit kümmert. Die glücklich verheiratete Frau wünscht sich so sehr, dass die Beziehung wächst und gedeiht, dass sie am Anfang wahrscheinlich gar nicht merkt, ob und wie viel ihr Mann ihr zurückgibt. Das macht nichts – er wird sicher bald damit anfangen, denkt sie. Wahrscheinlich muss er sich erst ein bisschen umstellen.

Ihr Ehemann ist während dieser Zeit sehr damit beschäftigt, andere Ziele zu erreichen. Er arbeitet an seiner beruflichen Karriere; er denkt über die Zukunft nach; und er denkt an die vielen Dinge, die er vor dem Winter noch am Haus machen muss.

Während er das tut, denkt sich seine Frau kreative Kleinigkeiten aus, um ihm zu zeigen, dass er ihr wichtig ist. Sie freut sich darüber, wenn sie ihm etwas Gutes tun kann, und er nimmt es gerne an. Er merkt gar nicht, dass sie mehr in die Beziehung investiert, und sie auch nicht – noch nicht. Behalten Sie immer im Hinterkopf, dass die Frau gibt, weil sie es gerne möchte. Da er keine Notwendigkeit für eine Veränderung spürt, macht er so weiter wie bisher und denkt, dass die Beziehung auf festem Boden steht.

Doch nach einer Weile bekommt der Boden kleine Risse. Sie merkt langsam, dass die Beziehung eher einseitig ist, und selbst der Haushalt wird immer mühsamer. Warum muss ich die Spülmaschine eigentlich immer aus- und einräumen? Warum bringt er nicht einmal freiwillig den Müll raus? Warum muss ich mich immer um Einladungen kümmern? Wie kann er nur im Sessel sitzen und die Zeitung lesen, wenn das Baby direkt vor ihm wie am Spieß schreit? Wo wir gerade dabei sind, warum muss ich immer seine Sachen aus der Reinigung holen? Und außerdem: denkt er wirklich, dass es mir Spaß macht, immer eine dreistöckige Torte zu backen, wenn seine Eltern zu Besuch kommen?

An diesem Punkt verändert sich die Einstellung der Frau. Sie zieht sich aus bestimmten Bereichen zurück und wartet darauf, dass ihr Mann „einspringt". Jetzt investiert sie nur noch so viel in die Beziehung, wie sie von ihrem Mann zurückbekommt.

Ihr Mann hat wahrscheinlich immer noch nicht gemerkt, dass irgendetwas fehlt, jedenfalls nicht gleich. Doch im Laufe der Zeit dämmert es ihm langsam, dass etwas nicht stimmt. Seine Frau ist so unnahbar, und er weiß nicht warum. Die meisten Männer wissen gar nicht, dass das irgendetwas mit ihnen zu tun hat.

Das ist ein kritischer Punkt in einer Ehe. Statt ihren Männern zu sagen, wie sie sich fühlen, ziehen sich viele Frauen immer weiter zurück und warten darauf, dass ihr Mann sie einfach so versteht. Sie kann sich nicht vorstellen, dass ihr Mann nicht merkt, wie sie sich fühlt. Selbst wenn die Ehe langsam zerbricht, haben viele Männer immer noch keine Ahnung warum – sie spüren, dass es ein Problem gibt, wissen aber nicht welches.

Dieses Muster kann sich über Jahre hinziehen, und wir wissen aus Erfahrung, dass es ein schrecklicher Zustand ist. Sie können sich aber auch für den anderen Weg entscheiden und weiter in Ihre Beziehung investieren, selbst wenn Sie das Gefühl haben, dass Sie die ganze Arbeit machen.

„Und was ist mit mir? Verliere ich mich nicht, wenn ich immer weiter gebe, egal, wie viel mein Mann tut?" Das fragen sich viele Frauen. Die Antwort kann man nur herausfinden, wenn man es ausprobiert. Wir haben erlebt, dass man sich dabei nicht verliert, sondern sich in einer neuen Weise selbst findet. Sie machen sich mit Ihrem Verhalten nicht mehr abhängig von dem, wie Ihr Mann oder andere sich verhalten. Vielleicht fängt Ihr Mann irgendwann an, in die Beziehung zu investieren, vielleicht aber auch nicht. Doch das Wissen, dass Sie ihm immer wieder zeigen, was Sie für ihn empfinden und wie wichtig Ihnen die Beziehung ist, wird Ihnen Frieden und Gelassenheit bringen.

Wir raten Ihnen, mit Ihrem Mann über Ihre Gefühle und Bedürfnisse zu reden, bevor Sie am Ende Ihrer Kraft sind. Mein (Connies) Mann freute sich sehr, als ich meine Gedanken mit ihm teilte. Ich habe damals nicht verstanden, wie wichtig das ist. Vor allem mit negativen Gefühlen konnte ich nicht wirklich umgehen. Doch ich merkte, dass es uns beiden besser ging, wenn wir über unsere Gefühle und Gedanken redeten.

Manche Dinge müssen Sie wahrscheinlich einfach loslassen lernen. Wir haben eine gute Freundin, die das lernen musste. Dreißig Jahre lang hatte sie ihrem Mann immer wieder gesagt, wie sehr sie seine Zärtlichkeit brauchte. Sie ist sogar noch einen Schritt weiter gegangen und hat ihm Vorschläge gemacht, was er tun könnte. „Es wäre wunderschön, wenn du mich abends im Bett fünf oder zehn Minuten einfach im Arm halten könntest", erklärte sie ihm. Oder: „Ich würde mich so geliebt fühlen, wenn wir im Kino Händchen halten könnten." Sie nörgelte nicht an ihm herum, sondern sagte ihm immer mal wieder, wie viel ihr das bedeutet.

Ihr Mann, der ein sehr intelligenter Mann ist, blieb davon aber ganz unberührt. Diese Frau jammerte nicht, und sie bat ihren Mann auch nicht dauernd darum, sich zu verändern. Sie nahm Rücksicht auf ihn und behandelte ihn liebevoll und respektvoll. Es schien, als ob er sie einfach nicht verstand oder als ob es ihm egal war. Letzteres stimmt nicht, und eigentlich stimmt das Erste auch nicht. Um es einfach auszudrücken, er zeigte seiner Frau seine Liebe auf andere Art als durch Zärtlichkeit.

Das hört sich sehr unfair an, oder? Vor allem deshalb, weil sie ihm immer wieder sagte, wie wichtig ihr Zärtlichkeit ist. Sie erwartete gar nicht viel, nur ein wenig Zärtlichkeit. Ist das nicht machbar? Offensichtlich nicht für ihn.

Was kann man als Frau da tun? Sie haben zwei Möglichkeiten. Entweder Sie werden bitter, weil Ihr Mann Ihnen nicht gibt, um was Sie ihn bitten, oder Sie lassen es los. Unsere Freundin hat sich nach dreißig Jahren dafür entschieden, es loszulassen.

> Ihr Mann merkt nicht, wie Sie sich fühlen, wenn Sie es ihm nicht erzählen.

57. Lassen Sie ihm seinen Teil

Da sie so frustriert war, dass ihr Mann nicht mit ihr redete, zog sich Liz immer weiter zurück. Wenn er nach einem Arbeitstag nach Hause kam, sagte sie: „Hallo“, schaute aber noch nicht einmal von ihrer Arbeit hoch. Ging er morgens zur Arbeit, sagte sie: „Bis später“, wenn sie gerade in der Nähe war – wenn nicht, dann machte es auch nichts. Sie hatte das Gefühl, dass sie in den letzten zwanzig Jahren für die Gespräche in ihrer Ehe verantwortlich gewesen war. Jetzt war er an der Reihe.

Doch die Tage vergingen, und er schien gar nichts zu merken. Er fing kein Gespräch mit ihr an, so wie sie das immer getan hatte. Sie war sich noch nicht einmal sicher, ob er gemerkt hatte, dass sie es nicht mehr tat. Ihre Kommunikation hatte sich auf den Austausch von Informationen beschränkt. „Wann hat David heute sein Fußballspiel?“ – „Kannst du die Sachen aus der Reinigung holen?“ – „Wollen wir heute Abend einen Film ausleihen?“

Bald fragte sie sich, wie lange ihre Beziehung das wohl noch aushalten würde.

An diesem Punkt kam sie in eines unserer Seminare. Am ersten Abend lernte sie etwas über Abschuss und Wiedereintritt. Dieses Prinzip besagt, dass es bei einem Raketenflug zwei kritische Phasen gibt (Abschuss und Wiedereintritt). So gibt es auch bei uns zu Hause zwei kritische Phasen.

Die erste Phase, der Abschuss, ist der Abschied morgens. Wir stellten einige Möglichkeiten vor, wie man den Abschuss möglichst sanft und freundlich gestalten könnte. Darüber hinaus hatten wir noch einen anderen Vorschlag. Wenn Sie nur eine Sache tun könnten, um Ihre Ehe zu verbessern, dann sollten Sie Folgendes tun: Gehen Sie mit Ihrem Mann morgens zur Tür (oder gehen Sie zu Ihrem Mann, wenn Sie als Erste das Haus verlassen), schauen Sie ihm in die Augen, umarmen Sie ihn und sagen: „Ich liebe dich. Ich wünsche dir einen schönen Tag.“

Die zweite Phase, der Wiedereintritt, ist das Heimkommen am Abend. Oft bestimmt der Ton in den ersten Minuten, wie der Rest des Abends verläuft. Auch hier nannten wir verschiedene Möglichkeiten, wie man diese Phase gestalten könnte.

Wir ermutigten die Frauen, einige Tipps auszuprobieren, egal, wie sie sich fühlten. „Handeln Sie jetzt, fühlen Sie später", sagten wir ihnen.

Liz war sehr skeptisch, aber sie war auch so erschöpft von der Stille, die sich in ihrer Ehe breitgemacht hatte. Deshalb beschloss sie, es auszuprobieren.

Eine Woche später kam sie ein paar Minuten früher zum Seminar, um uns zu erzählen, was passiert war.

„Den Abschuss am ersten Tag habe ich vermasselt", sagte sie. „Die Rakete schlingerte und holperte beim Abschuss. Aber die Landung war toll! Er kam durch die Tür, als ich gerade am Kochen war." Bei der Erinnerung musste sie lächeln. „Ich stellte den Herd ab, legte den Löffel zur Seite und schaute ihm in die Augen. Sofort zog er voller Verwunderung die Augenbrauen hoch. Dann lächelte ich ihn an. Jetzt zog sich auch seine Stirn in Falten. Ich umarmte ihn und fragte ihn, wie sein Tag gewesen war. Jetzt war er völlig perplex.

‚Ist irgendwas?', fragte er. ‚Ist heute etwas passiert? Hast du das Auto zu Schrott gefahren?'

‚Nein, es ist nichts. Ich will nur wissen, wie dein Tag war.'

Er war verblüfft. Ich hatte nicht nur gemerkt, dass er nach Hause gekommen war, ich hatte ihn auch noch gefragt, wie sein Tag gewesen war. Er wusste gar nicht, wie er mit dieser plötzlichen Veränderung umgehen sollte.

‚Habe ich etwas verpasst?' Er fragte sich wahrscheinlich, ob er im richtigen Haus gelandet war.

Ich beruhigte ihn. Das Auto war in Ordnung; es war nicht unser Hochzeitstag; und meine Mutter hatte nicht angerufen und sich für einen dreiwöchigen Besuch angemeldet. ‚Ich will nur wissen, wie dein Tag gewesen ist', antwortete ich.

Nachdem ich ihm noch ein paarmal versichert hatte, dass alles in Ordnung war, erzählte er mir von seinem Tag. Ich hörte ihm aufmerksam zu. Noch nie bin ich so erstaunt über mich gewesen! Normalerweise unterbreche ich ihn dauernd. Es passiert nicht oft, dass er einen ganzen Satz sagen kann, ohne dass ich ihm dazwischenrede und oft sogar das Thema wechsele. Meine Tage erscheinen mir so viel interessanter und farbenfroher als seine! Doch jetzt fiel mir plötzlich auf, wie wenig ich ihm in den letzten Jahren zugehört hatte.

Wir saßen noch eine ganze Weile in der Küche, und mein Mann redete die ganze Zeit über das, was er erlebt hatte. Ich hatte erwartet, dass mich sein Bericht schon nach kurzer Zeit langweilen würde, aber genau das Gegenteil war der Fall. Es interessierte mich wirklich. Je interessierter ich wurde – und je deutlicher er mein Interesse sah –, desto mehr erzählte er. Wie wundervoll!"

Zwei Wochen später kam Liz zum Seminar und berichtete uns über die vergangenen Tage. „Ich habe unser kleines Landungsritual in den letzten Tagen beibehalten. Jeden Abend, wenn er nach Hause kommt, nehme ich mir Zeit, ihm zuzuhören, und tue dabei nichts anderes. Jedes Mal erzählt er mir mehr. Mittlerweile redet er nicht mehr nur über das, was an dem Tag passiert ist, sondern fängt auch an, mir seine Gefühle über bestimmte Situationen oder Ereignisse mitzuteilen. Manchmal fragt er mich sogar, was ich über bestimmte Dinge denke. Das ist ein großer Fortschritt! Er wird langsam mein bester Freund."

„Was war denn der Schlüssel zu der Veränderung?", fragten wir sie.

„Keine Frage. Ich habe ihn wieder als Gegenüber ernst genommen und ihm wirklich zugehört. Das hat in unserer Ehe die Schleusen für gute Gespräche geöffnet."

> Wenn Sie nicht mehr merken, wann Ihr Mann das Haus verlässt oder nach Hause kommt, dann bemerkt er Sie vielleicht auch bald nicht mehr.

58. Geben Sie einen Grundkurs im Umarmen

Ist Ihnen schon einmal aufgefallen, dass Männer oft Schwierigkeiten haben, ihre Frauen richtig zu umarmen? Umarmungen sind ein guter erster Schritt, um eine abkühlende Ehe anzuwärmen und sich einander wieder anzunähern.

Wenn Ihr Mann sich mit den Umarmungen eher schwer tut, dann seien Sie getrost – man kann es lernen!

Ich (Nancy) habe meinem Mann beigebracht, wie ich gerne umarmt werden möchte. Vor kurzer Zeit haben wir abends zusammengesessen, und ich habe ihm etwas erzählt, das mich an diesem Tag sehr getroffen und durcheinandergebracht hat. Mein Mann ist mein Ritter, der mich immer verteidigt, deshalb wurde er ärgerlich und wollte sofort etwas unternehmen. Doch ich wünschte mir nur, von ihm in den Arm genommen zu werden, und das sagte ich ihm auch. Er war zwar mehr daran interessiert, das eigentliche Problem zu lösen, aber da ich scheinbar eher eine Umarmung brauchte, wollte er das gerne für mich tun.

Mein Mann ist ein geborener „steifer Umarmer". Als er mich also an dem Abend so stocksteif umarmte, soufflierte ich ein bisschen: „Entspann deine Arme, Liebling; lass die Muskeln einfach locker. Gut! Jetzt hör auf, mir die ganze Zeit auf den Rücken zu klopfen, und lehn dich zu mir herüber." Er tat, was ich sagte, und sofort fühlte ich mich besser. Das sagte ich ihm auch. Dadurch fühlte er sich auch gut.

„Jetzt sag mir leise ins Ohr: ‚Alles wird wieder gut.'" Auch das tat er. Dadurch ging es mir immer besser und ihm auch.

Obwohl ich ihm gesagt hatte, was er tun sollte, reagierte mein Körper trotzdem auf seine liebevolle und tröstende Umarmung.

> Eine Umarmung kann oft das Feuer wieder entzünden.

59. Bringen Sie den Müll raus

So komisch sich das anhören mag, doch der Müll ist scheinbar die Achillesferse in vielen Ehen. Dutzende von Frauen haben sich bei uns darüber beschwert, dass ihre Männer den Müll nie rechtzeitig rausbringen.

Lassen Sie mich (Connie) das einmal illustrieren. Heute erscheint es mir lächerlich, aber der Müll war jahrelang ein wunder Punkt in unserer Ehe. Um es etwas genauer auszudrücken: Er war ein wunder Punkt für mich. Für meinen Mann nicht, es sei denn, ich erinnerte ihn dauernd daran.

Mein Mann konnte sich einfach nicht merken, dass er dienstags den Müll rausstellen sollte. Jedes Mal, wenn er es wieder vergessen hatte, entschuldigte er sich und versprach mir, das nächste Mal ganz bestimmt daran zu denken. Aber er vergaß es jedes Mal, wenn ich ihn nicht daran erinnerte. Es wäre fast leichter gewesen, den Müll selbst rauszustellen, aber mein Stolz hielt mich davon ab.

Ich war frustriert. Ohne mich würde er den Müll immer vergessen. Eigentlich hasste er es, von mir bevormundet zu werden. Doch in diesem Fall schien ihn das nicht zu stören – jetzt wollte ich aber nicht mehr. Er sollte selbst daran denken, den Müll rauszustellen.

Das Thema wurde fast ein Halbtagsjob für mich. Entweder erinnerte ich ihn daran, dass das Müllauto heute kam oder dass es morgen kommen würde. Ich erinnerte ihn auch daran, dass ich ihn nicht dauernd daran erinnern wollte, oder fing eine Diskussion über seine Merkfähigkeit an.

Um diese Art von Frust in Ihrer Ehe zu vermeiden, raten wir Ihnen, sich vorher genau zu überlegen, von welchen Dingen Sie sich so frustrieren lassen wollen. In meinem Fall wäre es ein Leichtes gewesen, meinen Mann einfach jeden Dienstagmorgen zu bitten: „Liebling, die Müllabfuhr kommt heute, stellst du bitte die Mülltonnen raus?" Das wäre nicht schwer gewesen, denn ich dachte sowieso jeden Dienstag daran.

Ich stoppte einmal die Zeit, wie lange es dauert, ihm das zu sagen. Dreieinhalb Sekunden. Wie konnte das sein? Durch weniger als vier Minuten im Jahr konnte ich mir einen Riesenfrust ersparen. Ich könnte den Müll auch selbst rausstellen oder die Aufgabe einer meiner Töchter übertragen. Im Rückblick bin ich fast ein bisschen traurig darüber, dass ich mich so lange mit einer doch eher unwichtigen Kleinigkeit herumgeschlagen habe.

Vielleicht denken Sie jetzt, dass es gar nicht um die vier Minuten im Jahr geht oder um die Frage, wer den Müll rausstellt. Es geht doch eigentlich viel mehr darum, dass wir Frauen oft das Sicherheitsnetz für unsere Männer sind, obwohl sie sich darum doch selbst kümmern sollten.

Da liegt doch der Hase im Pfeffer, oder? Schauen wir noch einmal hin: Einer muss sich in diesem Bereich verändern, warum sollten Sie nicht anfangen? Warum sollten Sie frustriert sein? Nehmen Sie sich ein paar Veränderungen vor.

Vielleicht wollen Sie sich in dem Bereich aber gar nicht verändern, oder Sie sind der Meinung, dass Sie sich sowieso in den meisten Bereichen schon nach ihm richten. Vielleicht stimmt das sogar. Doch was haben Sie für Möglichkeiten? Sie können nur für sich selbst wählen, nicht für ihn. Warum also sollten Sie die Zähne fletschen und innerlich langsam erfrieren, während Sie darauf warten, dass Ihr Mann sich endlich in diesem Bereich verändert?

Wir sind uns bewusst, dass das Thema Müll in vielen Beziehungen oft nur die Spitze des Eisbergs ist. Es gibt Themen und Bereiche in Ihrer Ehe, die viel tiefer gehen. Wenn das so ist, dann möchten wir Sie ermutigen, sich fremde Hilfe zu suchen.

In diesem Kapitel geht es um die Kleinigkeiten, die uns im Alltag zur Weißglut bringen können – Müll, offene Zahnpastatuben, das schmutzige Geschirr auf dem Herd, die offenen Schranktüren, die eingetrockneten Spritzer neben dem Herd, ein vollgeräumter Esstisch. Sie wissen, wovon wir reden.

Denken Sie darüber nach. Diese Kleinigkeiten sind wirklich nicht so wichtig. Oft braucht es nur eine kleine Veränderung auf einer Seite, und es gibt kein Problem mehr. Das Schlimme ist, dass das in unserer heutigen Zeit der Selbstverwirklichung, Emanzipation und Gleichberechtigung nicht mehr geschätzt wird.

Wir haben jahrelang mit denselben Themen in unseren Ehen gekämpft. Wenn er den Müll immer vergisst, dann bringen Sie ihn selbst raus oder erinnern ihn daran, es zu tun. Diese Themen sind weder die Zeit, die Nerven, den Streit noch die Entfremdung wert, die dadurch manchmal entstehen.

„Aber er tut seinen Teil doch nicht", sagen Sie jetzt vielleicht. Na und? Sie sind nicht seine Mutter. Wenn Sie aber bei diesem (oder auch jedem anderen) Thema immer wieder sein Gewissen sind, dann verhalten Sie sich genauso wie eine Mutter. Wenn Sie ihn immer wieder gebeten haben, und er dann nichts tut, dann tun Sie es selbst. Das hört sich für Sie vielleicht jetzt komisch an, aber vielleicht wird er gerade dadurch bereit, sich selbst in einigen Bereichen zu verändern.

Ihr verändertes Verhalten kann ihm mehr sagen als alle Ihre Worte.

60. Vermeiden Sie Reizthemen

Frauen fragen sich oft, warum die Kommunikation in ihrer Ehe so gestelzt und stockend ist. Sie bemerken meist gar nicht, dass sie häufig der Grund für die Stagnation sind. Deshalb ist es so wichtig, dass wir die Reizthemen unserer Männer erkennen, denn sonst schneiden wir uns ins eigene Fleisch. Obwohl wir uns damit am Rande schon in anderen Kapiteln beschäftigt haben, wollen wir uns doch ein paar dieser Themen noch einmal genauer anschauen. Vielleicht fällt Ihnen bei dem einen oder anderen auf, dass Sie Ihren Mann unbeabsichtigt immer wieder vom Reden abhalten.

Männer hassen es, wenn ihre Frauen die Worte *immer* und *nie* so oft benutzen. Wie in: „Du hörst mir nie zu" oder „Du versuchst immer meine Probleme zu lösen, statt mir richtig zuzuhören."

Frauen neigen zu Verallgemeinerungen, doch Männer hören das ganz anders. Was immer Sie sagen, nehmen sie wörtlich. Deshalb reagieren sie manchmal so komisch, wenn Sie verallgemeinernd reden, obwohl es sich für Sie gar nicht so schlimm angehört hat.

Wenn Sie sich mit den Reizworten Ihres Mannes beschäftigen, dann ist es eine große Versuchung, ihm immer wieder unter die Nase zu reiben, wenn er seine eigenen Regeln bricht. Sagt er zum Beispiel: „Du machst immer", dann möchte ein Teil von Ihnen darauf sofort antworten: „Na, na – du brichst ja deine eigenen Regeln."

Sagen Sie dann lieber nichts, dann kann er selbst erkennen, dass er manchmal genauso verallgemeinernd redet wie Sie. Wenn er das erkennt und sieht, dass Sie ihn in Ruhe lassen, dann sieht er Sie mit ganz anderen Augen. Doch selbst wenn Ihr Mann sein ganzes Leben damit verbringt, seine eigenen Gesprächsregeln zu brechen, dann ist das immer noch seine Sache. Sie ändern ihn nicht, indem Sie ihm immer wieder sagen, dass er sich verändern muss.

Andere Reizthemen für Ihren Mann könnten sein,

- wenn Sie seine Sätze beenden,
- ihm nur mit halbem Ohr zuhören,
- ihn ständig korrigieren, wenn er spricht.

Es gibt noch viele Themen, die Ihren Mann reizen. Sie kennen bestimmt einige. Reiten Sie nicht darauf herum.

Finden Sie die Reizthemen Ihres Mannes heraus – und vermeiden Sie sie.

61. Vermeiden Sie Streit

Streiten Sie sich oft mit Ihrem Mann? Wenn Sie nicht aufpassen, kann der Streit so sehr ein Teil Ihrer Kommunikation werden, dass ein Gespräch ohne Streit ganz fremd für Sie wird.

Doch mit einem Streit begeben Sie sich auf anstrengendes Gelände, auf dem Sie nicht wirklich weiterkommen. Er erschöpft Sie und raubt Ihrem Mann viel Kraft. In einem Streit sagt man oft Dinge, die man nicht so meint und dann nicht wieder ungesagt machen kann. Wenn Sie sich häufig vor Ihren Kindern streiten, geben Sie ihnen ein falsches Bild und sind ihnen kein Vorbild für Problemlösungen. Vielleicht leidet sogar Ihr Selbstwertgefühl darunter, wie Sie sich in einem Streit verhalten und was Sie dort sagen. Das Schlimmste von allem ist aber, dass normalerweise durch einen Streit keine Probleme gelöst werden. Die Themen, die vorher ungelöst und schwierig waren, sind es immer noch; nur jetzt sind sie auch noch emotions- und konfliktgeladen.

Beim Streiten ist es wie bei einem Boxkampf, nur dass man mit Worten zuschlägt statt mit den Fäusten. Da die meisten Frauen wortgewandter sind, als die meisten Männer, haben Frauen bei einem Wortgefecht oft einen Vorteil, sodass eine Frau nach einem

Streit manchmal eine gewisse Befriedigung spürt, weil sie ihren Mann „geschlagen“ hat.

Meistens geht es bei einem Streit gar nicht darum, wer recht hat. Es geht viel mehr um Stolz und Kontrolle. Deshalb kommt man ja auch nicht wirklich weiter, denn wer gibt sich auf diesem Feld schon gerne geschlagen.

Vielleicht brechen Sie einen Streit vom Zaun, wenn Sie das Gefühl haben, Ihr Mann hört Ihnen nicht richtig zu und versteht nicht, was Sie sagen wollen. Wenn das so ist, dann schlagen wir Ihnen Folgendes vor:

- Hören Sie kurz auf zu reden und versuchen Sie sich zu beruhigen.
- Sagen Sie zu Ihrem Mann: „Ich möchte mich darüber nicht streiten. Ich habe nur das Gefühl, dass du gar nicht verstehst, was ich sagen will. Können wir noch einmal von vorne anfangen?“
- Versuchen Sie seine Sichtweise zu verstehen und stimmen Sie ihm zu, wo es geht.
- Fragen Sie sich: „Geht es bei diesem Streit um Fakten?“ – „Streiten wir uns über den Inhalt oder nur über die Worte?“, und schließlich: „Ist es das wirklich wert, sich darüber zu streiten?“ Müdigkeit oder Stolz können manche Kleinigkeiten zu riesigen Problemen aufblasen, die größer aussehen als sie tatsächlich sind.
- Versuchen Sie Ihre Gedanken noch einmal klarer und kürzer auszudrücken und sie vielleicht durch Wortbilder zu verdeutlichen.
- Wenn Ihr Mann nach vielen verschiedenen Erklärungsversuchen Ihren Standpunkt immer noch nicht versteht, ist er vielleicht einfach anderer Meinung.
- Wenn Sie sich durch das Problem gearbeitet und eine Lösung gefunden haben, sagen Sie ihm, wie sehr Sie sich darüber freuen, dass er sich mit Ihnen da durchgebissen hat. Das wird ihn ermutigen, sich auch beim nächsten Mal darauf einzulassen.

Statt zu streiten, fangen manche Frauen in solchen Situationen an zu jammern. Versuchen Sie einmal neben sich zu treten und Ihrer eigenen Stimme in dem Gespräch zuzuhören. Jammern Sie? Selbsterkenntnis in diesem Bereich wird Ihnen helfen, diese Form der Kommunikation in Zukunft zu vermeiden. Keiner – auch Sie selbst nicht – redet gerne mit jemandem, der nur jammert.

Es gibt vielleicht auch Dinge, bei denen Sie nie mit Ihrem Mann einer Meinung sind. In diesen Fällen sollten Sie sich beide darauf einigen, dass Sie nicht einer Meinung sein müssen – eine versöhnte Verschiedenheit.

Wenn Sie merken, dass es in Ihnen zu kochen beginnt, dann versuchen Sie einmal Folgendes:

- Üben Sie, erst darüber nachzudenken, was Sie sagen wollen, bevor Sie es sagen. Wenn es persönlich verletzend ist, versuchen Sie, es umzuformulieren.
- Fragen Sie sich, ob es selbstgefällig klingt, was Sie sagen wollen. Möchten Sie nur Ihren Standpunkt erklären, oder wollen Sie dabei auch noch gut dastehen und im Recht bleiben? Könnte es sein, dass Sie schnell mit einem Streit anfangen? Versuchen Sie, Ihren Mund zu halten, wenn die Streitlust in Ihnen hochkommt.
- Wenn Sie sich dann doch plötzlich in einem Streit wiederfinden, sagen Sie: „Können wir später darüber reden?", oder „Oh, das geht mir anscheinend näher, als ich es dachte. Ich glaube, darüber muss ich erst noch ein paar Minuten nachdenken. Ist das in Ordnung?"
- Wenn Sie bereits in dem „Er-schreit-und-ich-schreie-noch-lauter"-Kreislauf sind, treten Sie aus dem Kreislauf heraus. Einen einseitigen Streit kann man nicht lange aufrechterhalten.
- Sollten Sie den Streit doch bis zum bitteren Ende weiterführen, bemühen Sie sich möglichst bald um ein versöhnliches Gespräch. Warten Sie nicht darauf, dass er zu Ihnen kommt, sondern gehen Sie zu ihm.

> Es gibt Dinge, über die können wir uns immer wieder und den ganzen Tag ärgern und streiten – wir müssen es aber nicht, denn es bringt uns nicht weiter.

62. Entdecken Sie seine Leidenschaften

Es gibt einen Weg, Ihren Mann zum Reden zu motivieren, der eigentlich immer gelingt. Entdecken Sie seine Leidenschaften.

Vor einigen Jahren sind mein (Connies) Mann und ich mit einem jungen Ehepaar, das wir sehr mochten, essen gegangen. Nach einem guten und unterhaltsamen Essen in einem japanischen Restaurant fuhren wir zum Nachtisch zu uns nach Hause.

Ich hatte gerade meinen Teil für ein Buch fertiggeschrieben, und unser Freund fragte mich danach. Ich versuchte mit wenigen Sätzen zusammenzufassen, um was es in dem Buch ging. Wenn man nicht selbst Bücher schreibt, dann sind ein paar Sätze mehr als genug, sonst langweilt man seine Zuhörer schnell.

Doch unser Freund wollte gerne mehr wissen und fragte immer weiter. Er wollte das Buch sogar gerne sehen. Leider musste ich ihm sagen, dass es noch nicht erschienen war und ich es ihm deshalb auch nicht zeigen konnte.

„Hast du vielleicht einen Computerausdruck, den ich mir einmal ansehen könnte?", fragte er. Den hatte ich und holte ihn für ihn. Er fing an, die Zettel durchzublättern, und wir anderen wechselten das Thema. Es dauerte nicht lange, bis er sich an unserem Gespräch beteiligte. Doch als eine kurze Pause entstand, fragte er mich weiter nach dem Buch.

Er stellte mir Fragen, die mir noch nie jemand gestellt hatte – selbst die Menschen, die mir am nächsten standen. Außerdem fiel mir auf, dass seine Augen leuchteten, wenn er die Fragen stellte und meine Antworten hörte, und sein ganzes Gesicht strahlte. Langsam dämmerte es mir, warum er so interessiert war.

„Bob, schreibst du auch gerne?", fragte ich.

„Ich liebe es zu schreiben", sagte er. „Das ist meine Leidenschaft. Wenn ich mir aussuchen dürfte, wie ich meinen Lebensunterhalt verdienen will, dann würde ich schreiben. Ich habe schon immer gerne Geschichten oder Ideen zu Papier gebracht, und ich hoffe, dass ich eines Tages ein Buch schreiben kann."

Seine Frau stimmte ihm in allen Punkten zu. Dann mischte sich mein Mann ein. Obwohl er sich überhaupt nicht fürs Schreiben interessiert, freute er sich darüber, unseren Gast so begeistert zu sehen. Wir sammelten ein paar Ideen, wie unser Freund trotz seiner begrenzten Zeit eine Möglichkeit zum Schreiben finden könnte. Er sprudelte förmlich vor Energie und Begeisterung. In seinen Augen leuchtete ein Feuer, das wir vorher noch nie gesehen hatten. Warum? Weil das Schreiben seine Leidenschaft war. Wir hatten sozusagen die Ader ganz nah an seinem Herzen gefunden. Seine Frau hat uns später angerufen und sich dafür bedankt, dass ihr Mann bei uns einmal „laut" hatte träumen dürfen – so drückte sie sich aus.

Es ist ein großes Privileg, einem anderen beim lauten Träumen zuhören zu dürfen. Dadurch bekommt man einen Zugang zu den intimsten Teilen seiner Seele, die nur wenige Menschen je sehen dürfen. Wenn jemand diesen Zugang öffnet, dann ist das immer sehr spannend, doch diesen Zugang bei dem eigenen Mann zu entdecken, ist ein besonderer Schatz.

Haben Sie Ihren Mann schon einmal dazu ermutigt, laut zu träumen? Haben Sie ihn einmal genau beobachtet und versucht, herauszufinden, was er am allerliebsten tut oder tun würde – nicht das, womit er sein Geld verdient, sondern das, was seine Augen zum Leuchten bringt, wenn er darüber redet?

Vielleicht wissen Sie gar nicht, dass da ein tief vergrabener Schatz ist, den er eigentlich gerne mit Ihnen teilen möchte, aber nicht weiß wie. Der Schatz liegt tief in seinem Herzen verborgen und ist wahrscheinlich schon mit ein bisschen Staub und ein paar Spinnweben bedeckt, weil er so damit beschäftigt ist, für sich und seine Familie zu sorgen. Was wäre das für ein Geschenk, wenn Sie ihm helfen könnten, diesen Schatz wieder auszugraben und zu entstauben.

Nach unserem Abend mit unseren Freunden merkte ich (Connie), dass es Jahre her war, seit ich meinen Mann zum lauten Träumen ermutigt hatte. Darüber war ich sehr erschrocken und bin es immer noch. Natürlich hat er auch heute noch Wünsche und Träume. Unerreichte Ziele und Ideen. Unerforschte Bereiche und ungelöschte Feuer. Es gab eine Zeit, da wusste ich, welche das waren, doch sie sind mit den Jahren immer verschwommener für mich geworden. Das Leben ist uns in die Quere gekommen, wir haben Kinder bekommen, ich hatte immer mehr zu tun, die Zeit verging unaufhaltsam, und die eigenen, tiefsten Wünsche wurden immer weiter an den Rand gedrückt.

Plötzlich wusste ich, dass ich nicht irgendwann fünfundachtzig Jahre alt sein und immer noch denken wollte, „irgendwann einmal“ würde ich gerne herausfinden, für was mein Mann sich begeistert! Ich konnte mich noch erinnern, dass es etwas mit dem Ozean zu tun hatte, aber was genau? Wollte er ihn erforschen? In der Nähe des Strands wohnen? Segeln? Da ich eine Abneigung gegen Wasser habe, bin ich wahrscheinlich innerlich davon ausgegangen, dass seine Leidenschaft vorbeigeht, wenn ich nur nicht darüber rede. Warum sollte ich mir aber wünschen, dass seine Leidenschaft verschwindet?

Ich entschloss mich also, mehr herauszufinden. Ein Teil von mir hoffte inständig, dass es nichts mit mir in einem Tauchanzug zu tun hatte – das muss ich offen zugeben. Irgendwie mag ich es lieber, wenn ich meinen Sauerstoff aus der Luft bekomme und nicht aus einer Flasche. Trotzdem fing ich an diesem Tag an, meinem Mann Fragen zu stellen. Was würde er tun, wenn er sich frei entscheiden könnte? Wo würde er wohnen, wenn er überall hingehen könnte? Was begeisterte ihn in seinem Leben? Gab es etwas, was er schon immer mal ausprobieren wollte, aber noch nie getan hatte?

Wissen Sie, was dann passierte? Ich entdeckte seine Leidenschaften neu, und er auch. Nur ein kleines bisschen Überwindung von meiner Seite hatte dazu geführt, und es hat sogar Spaß gemacht.

Kennen Sie die Leidenschaften Ihres Mannes? Wenn nicht, dann fragen Sie ihn! Es dauert vielleicht eine Weile, bevor er mit Ihnen darüber spricht, besonders dann, wenn Sie schon lange nicht mehr über wirklich persönliche Dinge geredet haben. Fragen Sie immer wieder nach, und ermutigen und helfen Sie ihm mit Ihren Fragen, sich neu auf die Suche nach seinen Leidenschaften zu machen. Wenn er schon immer segeln wollte, dann unterstützen Sie ihn. Wenn er eine Safari machen will, seien Sie nicht dagegen. Wenn es sein Traum ist, einmal Bergsteigen zu gehen, gehen Sie mit. Je verrückter die Idee ist, desto mehr Spaß macht es oft.

> Leidenschaften sind das Feuer, das ein Herz in Brand steckt. Ohne Feuer ist es ziemlich kalt.

63. Zeigen Sie ihm nicht die kalte Schulter

Zeigen Sie Ihrem Mann manchmal die kalte Schulter, um zu bekommen, was Sie wollen? Äußern Sie ab und zu die Worte: „Er versteht das einfach nicht!“?

Frauen können sehr stark und stur sein. Oft läuft es darauf hinaus, dass Frauen ihre Männer manipulieren, indem sie ihnen die kalte Schulter zeigen.

Das ist sehr hart für einen Mann. Vor Kurzem haben wir in der Zeitung einen Comic gesehen, der einen Mann beim Zeitunglesen zeigte. Er las über Steuern, Stress, Tod und feuerspeiende Monster, die kurz davor waren, die Erde zu zerstören. Doch er las einfach ruhig weiter. Dann blätterte er um und sah die Schlagzeile: „Immer mehr Frauen im Land zeigen ihren Männern die kalte Schulter.“ Der bis dahin völlig ruhige Mann fing an, vor Angst zu zittern, und kalter Schweiß stand auf seiner Stirn. Er wollte wegrennen und sich verstecken. Wir mussten laut lachen, doch wenn eine Frau diese Taktik wirklich in ihrer Ehe anwendet, dann ist das nicht gerade witzig.

Damit sagen wir indirekt: „Rede nicht mit mir. Ich höre dir sowieso nicht zu. Es ist mir auch ganz egal, was du zu sagen hast. Eigentlich bist du mir auch egal. Punkt.“

Viele Männer vergessen Streitpunkte oder schwierige Situationen schneller als Frauen und wissen dann oft gar nicht mehr, warum ihre Frauen immer noch so getroffen und verletzt sind. Wie oft haben Sie Ihrem Mann nach einiger Zeit doch erzählt, was Sie so beschäftigt, nur um herauszufinden, dass er sich kaum noch an den Vorfall erinnern kann?

Wenn Sie und Ihr Mann unterschiedlicher Meinung über eine Sache sind, dann versuchen Sie, offen und frei darüber zu reden. Erwarten Sie nicht, dass er errät, warum Sie so getroffen und verletzt sind. Vielleicht lernen Sie sogar durch diese offenen Diskussionen über schwierige Punkte, schneller über Verletzungen hinwegzukommen.

Unsere Männer leben nicht gerne in Sibirien.

64. Hören Sie auf, alles aufzurechnen

Haben Sie immer den Punktestand im Kopf? Wenn das auf Sie zutrifft, dann ist Ihr Mann sicher nicht sehr gesprächig. Frauen, die immer den Spielstand im Kopf haben, sind wie Computer ohne Entfernentaste.

Männer merken oft gar nicht, dass es so einen Punktestand gibt und dass er oft sogar die ganze Zeit mitläuft. Da sie also keine Ahnung haben, dass so etwas existiert, fällt ihnen natürlich auch nicht auf, dass der Spielstand unausgeglichen ist und sie immer hinterherhängen.

Die Frau, die sich des Spielstands ständig bewusst ist, ist ganz anders. Sie putzt und wienert die Anzeigetafel und hat auch immer Ersatzbatterien dafür einstecken. Sie weiß genau, was Punkte bringt und was nicht, und oft ist sie auch für den Ball verantwortlich.

Immer, wenn sie ihrem Mann Zugeständnisse macht, wenn sie außergewöhnliche Dinge für ihn tut, wenn sie ihn besonders unterstützt oder Aufgaben für ihn übernimmt, wächst die „Schuld", in der er bei ihr steht.

Ich (Connie) erinnere mich noch daran, wie ich indirekt mit meinem Mann über den Punktestand in unserer Ehe geredet habe. Er merkte gar nicht, dass wir darüber sprachen, denn die Vorstellung war ihm fremd. Als ich ihm meine Liste von Dingen, die mich ärgerten, vorgetragen hatte, sagte er: „Connie, das hört sich ja so an, als ob du einen Spielstand vor Augen hast."

Natürlich hatte ich das, und er lag ziemlich weit im Rückstand!

Doch seitdem hat sich – Gott sei Dank – bei uns vieles verändert, und ich habe das Punktezählen aufgegeben. Wir raten Ihnen, das Aufrechnen in Ihrer Ehe komplett abzuschaffen. Eine gute Freundin von uns hat das getan. Schon nach einer Woche ohne innerliches Aufrechnen fragte ihr Mann misstrauisch: „Was ist eigentlich los? Du bist so anders. Das erste Mal seit vielen Jahren habe ich das Gefühl, ich darf einfach nur ich selbst sein. Du scheinst mich gar nicht verändern zu wollen. Du bist auch nicht mehr dauernd so wütend und genervt wie sonst. Es kommt mir so vor, als ob ... als ob du mich wieder magst. Was hast du getan? Ich weiß nicht warum, aber du bist völlig verändert. So gefällst du mir viel besser."

Diese Frau hatte sich entschieden, ihre Anzeigetafel zu vergessen. Ironischerweise hat sich dadurch in ihrer Beziehung vieles von dem verändert, was sie sich vorher gewünscht hatte. Das lag sicher auch daran, dass ihr Mann sich jetzt viel freier fühlte, weil er nicht mehr ihrem unausgesprochenen Standard genügen musste. Er musste seine Energie nicht mehr dafür einsetzen, einen Streit mit seiner Frau zu vermeiden, sondern konnte sich jetzt anderen Dingen zuwenden.

Überlassen Sie das Punktezählen den Schiedsrichtern.

65. Gehen Sie nicht zu sehr darauf ein

Manchmal kostet es unsere ganze Kraft, unser Handeln unter Kontrolle zu behalten. In diesem Kapitel geht es um die Frage: Wie kann ich auf die Launen, die Streitlust, den Ton in der Stimme und die Nervosität meines Mannes reagieren?

Gestern kam mein (Nancys) Mann von einer viertägigen Geschäftsreise nach Hause. Er war kurz vor mir nach Hause gekommen, da ich nach der Arbeit noch im Supermarkt gewesen war, um ein paar Sachen für ein Willkommensabendessen einzukaufen. Ich hupte, als ich in die Garage fuhr. Er schaute aus dem Küchenfenster und sah mich kommen. Als ich das Auto geparkt hatte und mit meinen Einkaufstüten kämpfte, kam er mir entgegen. Wie lieb von ihm!, dachte ich, ließ die Einkaufstüten wieder los, um ihn zu umarmen. Er umarmte mich halbherzig und fragte mit etwas genervter Stimme: „Wo ist die Post? Ich habe schon überall gesucht."

Ich sagte ihm, wo sie war. Ein paar Sekunden später fragte er mich: „Wo ist meine Brille?" Da er seine Brille mitgehabt hatte, wusste ich natürlich nicht, wo sie war. Sofort fing er an, danach zu suchen, und murmelte dabei vor sich hin – so etwas wie: „Ich versteh das einfach nicht. Im Auto hatte ich sie doch noch!" Wir suchten beide noch einmal im Auto, leider ohne Erfolg.

Danach erzählte er mir, dass er spät zu Mittag gegessen hatte, und schlug vor, etwas anderes zu Abend zu essen, als ich geplant hatte.

Dafür hatte ich aber die Zutaten nicht. Dann sagte er noch, er sei nach der langen Fahrt völlig erschöpft. Außerdem sei es ein bisschen zu warm im Haus.

Damit hatte er recht. Es wurde langsam wirklich ziemlich hitzig!

Nachdem wir die erste Stunde hinter uns gebracht hatten, ging er nach oben, zog sich um und packte seinen Koffer aus. Ich stellte mich ans Küchenfenster und atmete ein paarmal tief durch und sagte dann laut zu mir selbst: „Geh nicht zu sehr darauf ein!"

Wenn man immer gleich explodiert, schlägt man den falschen Weg auf der Beziehungsstraße ein. Wir alle haben wahrscheinlich viel Zeit damit verbracht, diesen Weg zu gehen – uns zu ärgern anstatt zu reden; frontal anzugreifen, anstatt uns zurückzuziehen, bis der erste Ärger verraucht ist; Kleinigkeiten so wichtig zu nehmen, dass man das große Ganze nicht mehr sieht.

Manchmal kann eine freundliche Bemerkung von Ihnen eine Situation entschärfen, genauso wie eine „Wie-du-mir,-so-ich-dir"-Antwort den Vulkan erst richtig zum Ausbruch bringen kann. Freundliche und liebvolle Worte können in diesen Situationen eine große Hilfe sein.

Legen Sie nicht unbewusst eine Liste an mit den Dingen, die Ihnen auf die Nerven gehen, sondern sprechen Sie die Dinge gleich an und erwähnen Sie sie danach nicht wieder.

Können Sie sich noch erinnern, wie Sie die Tafel in der Grundschule gewischt haben? Die Worte verschwanden alle in einer weißen Staubwolke. Am nächsten Tag war die Tafel wieder sauber für den neuen Lernstoff. Können Sie sich vorstellen, wie schwer das Lernen wäre, wenn die Tafel nie gewischt würde? Alles wäre übereinandergeschrieben, und man könnte nichts Neues mehr lesen!

> Gehen Sie innerlich zum Küchenfenster und atmen Sie tief durch.

66. Stellen Sie Ihren Mann nicht bloß

Kein Mann wird gern bloßgestellt – schon gar nicht von seiner Ehefrau. Wenn Ihr Mann Ihnen in diesem Bereich vertrauen kann, dann ist er sehr viel eher bereit, Ihnen persönliche Dinge und Gedanken anzuvertrauen. Männer haben nicht unbedingt ein so dickes Fell, wie wir manchmal glauben, selbst wenn Sie sich so geben.

Ich (Connie) habe oft die Geschichte erzählt, wie mich mein Mann das erste Mal mit zum Skilaufen genommen hat. Irgendwie passte die Geschichte immer, wenn es in einem Gespräch über unterschiedliche Persönlichkeiten ging. Dann fingen diejenigen mit Typ-A-Ehepartnern an, diverse Beispiele aus ihrem Eheleben zu berichten.

Mein Beitrag war oft der beste: Wir hatten uns gerade verlobt, und ich war noch nie in meinem Leben Ski gelaufen. Mein Mann liebt Skifahren und ist ein fantastischer Skiläufer. Er überschätzte meine Fähigkeiten (und das ist noch untertrieben), denn schon am zweiten Tag nahm er mich mit auf die schwarzen Pisten zu den steilsten Abfahrten. Dabei trieb er mich immer wieder an, doch ein bisschen schneller zu fahren.

Da ich meinen zukünftigen Mann sehr liebte, wollte ich ihn natürlich nicht enttäuschen. Deshalb schlidderte, rutschte und rollte ich mich den Berg runter. Ich sagte nicht, wie sehr ich mich fürchtete. Irgendwie war ich der Überzeugung, dass es eine Verbindung zwischen meiner Liebe für ihn und diesen schwarzen Pisten gab.

Am Ende meiner Geschichte hielten sich eigentlich immer alle den Bauch vor Lachen. Am meisten lachten sie bei der Passage, wo mein Mann in einem Rutsch die ganze Piste hinuntersauste, sich umschaute und mich oben auf dem Berg immer noch zitternd in meinen Skistiefeln sah. Ich erzählte, wie er mir Zeichen machte, mich doch zu beeilen, damit wir die nächste Piste herunterfahren konnten. Schließlich war das alles doch wertvolle Skizeit. Im Rückblick war es wirklich komisch.

Doch irgendwo mitten in der Geschichte merkte ich, dass mein Mann aufhörte zu lachen und meine Geschichte nur noch über sich ergehen ließ. Ich machte mir auf seine Kosten meinen Spaß. Nie erzählte ich nach der Geschichte, wie er sich über die Jahre verändert hatte und dass er das heute nicht mehr tun würde; oder dass er sich heute noch Vorwürfe macht, dass er mir das damals angetan hat; oder dass er mich nur aus jugendlichem Übermut so überfordert hat und nicht aus bösem Willen.

Stellen Sie Ihren Mann nicht bloß, egal, wie witzig die Geschichten sind, die Sie zu erzählen haben. Jeder Mensch weiß, dass er seine Fehler hat und nicht alles kann. Damit kann ein Mann umgehen. Doch wenn Sie ihn lächerlich machen und bloßstellen, dann fühlt er sich abgewertet und wie ein Kind behandelt – das trifft ihn wirklich! Vielleicht erzählt er manchmal selbst eine witzige Geschichte über sich, wenn er das will. Doch er muss wissen, dass diese Geschichten nicht ohne sein Einverständnis über Ihre Lippen kommen.

Stellen Sie Ihren Mann nicht bloß.

67. Wenn er müde ist

Bevor wir dieses Buch schrieben, wollte ich (Connie) von meinem Mann wissen, woran er Liebe erkennt. Ich erwartete eine witzige, schlagfertige Antwort. Vielleicht wird das die beste Diskussion, die wir je hatten, sagte ich mir. Ich wette, ich werde eine Menge Neues über ihn lernen. Ich konnte seine Antwort kaum abwarten.

Er dagegen war gerade von einem langen Arbeitstag nach Hause gekommen. Er schaute mich an, als wäre ich gerade vor ihm mit einem Raumschiff gelandet, und antwortete langsam: „Ich erkenne Liebe nicht, wenn ich müde bin." Punkt. Mit anderen Worten: Lass mich jetzt bitte in Ruhe – ich bin einfach zu müde, um darüber nachzudenken!

Wenn eine Frau müde ist, erkennt sie Liebe immer noch – viel mehr als ein Mann. Er wünscht sich dann nur noch, in Ruhe gelassen zu werden, um sich zu entspannen. Auf gar keinen Fall möchte er sich um irgendetwas kümmern müssen.

Vielleicht fühlt eine Frau sich ähnlich, aber nicht so ausschließlich. Sie freut sich trotzdem über liebevolle Gesten. Dadurch fühlt sie sich gleich besser und nicht mehr so müde. Bei einem Mann ist das anders. Es ist nicht so, dass er es gar nicht braucht; er kann es nur in diesem Moment nicht wirklich annehmen. Frauen dagegen wissen es sehr zu schätzen, wenn sich ein anderer anstrengt, damit es ihnen besser geht.

Doch nicht nur die Erschöpfung ist ein kritischer Punkt, sondern auch der Zeitpunkt. Viele Männer reden nicht gerne, wenn sie gerade erst nach Hause gekommen sind. Wenn etwas einen Mann gerade sehr beschäftigt oder bedrückt, dann will er nicht in ein Gespräch verwickelt, sondern in Ruhe gelassen werden. Geben Sie Ihrem Mann dann etwas Zeit für sich oder lassen Sie ihn über die Sache erst einmal allein nachdenken. Jeder Mensch ist anders, deshalb haben wir auch kein Patentrezept. Beobachten Sie Ihren Mann genau und finden Sie heraus, was ihn zum Reden animiert, und welcher Zeitpunkt der beste ist.

Denken Sie immer daran, dass Männer ihre Liebe anders zeigen. Er liebt Sie nicht weniger, nur weil er gerade nicht mit Ihnen reden will.

Manchmal brauchen wir einen neuen Blick, damit wir diese Dinge erkennen.

> Wenn Ihr Mann müde ist, dann gönnen Sie ihm die Ruhe. Sie können auch später noch reden.

68. Lernen Sie, stürmische Gewässer zu durchschiffen

Besonders herausfordernd für die Kommunikation in der Ehe ist die Zeit, wenn die Stürme des Lebens über uns hinwegfegen. Solche Stürme können unterschiedliche Formen haben: Arbeitslosigkeit, Unfälle mit schweren Verletzungen, der Tod eines lieben Menschen, Depressionen, Spannungen in der Ehe und vieles andere.

Die Dynamik der Kommunikation, die durch unsere Unterschiedlichkeit sowieso schon sehr zerbrechlich ist, wird in stürmischen Zeiten noch brüchiger. Vielleicht sind Sie sein ruhender Pol, und Ihre Liebe und Unterstützung sind das Einzige, auf das er sich in einem Sturm wirklich verlassen kann. Es passiert nicht immer, aber oft gewinnt eine Partnerschaft durch stürmische Zeiten an Tiefe und Intimität.

Der größte Unterschied zwischen Männern und Frauen in diesen Zeiten ist, wie sie darauf reagieren. Ein Mann zieht sich normalerweise erst einmal zurück. Das ist einer Frau völlig fremd; es wäre das Letzte, was sie jetzt tun würde. Ihr erster Instinkt sagt ihr, dass sie sofort eine Wagenburg bauen und alle Kräfte mobilisieren muss. Vielleicht kann man noch zusätzlich Unterstützung von Freunden bekommen! Wenn die Stürme des Lebens heranrollen, dann schalten Frauen ein paar Gänge höher. Sie telefonieren, mobilisieren alle verfügbaren Kräfte und organisieren die Verteidigung und den Schutz. Wenn dann die Nacht hereinbricht, ist eine sturmgebeutelte Frau umgeben von Freunden, Familie, Schokoladenkeksen und Kerzenlicht.

Männer dagegen ziehen es vor, allein zu sein. Das ist einer der wenigen Momente im Leben, wo die Frauen etwas tun, während die Männer nur sind.

Ich (Connie) kann mich noch genau erinnern, wie mir mein Mann vor Kurzem sehr still und zurückgezogen vorkam. Beim Abendessen sagte er fast nichts und hörte uns nur höflich zu, wenn wir mit ihm redeten. Doch mir fiel auf, dass er eigentlich gar nicht auf das reagierte, was wir sagten. Er war in sich versunken. Als ich etwas darüber nachdachte, merkte ich, dass er schon einige Tage so war.

An diesem Abend, nachdem die Mädchen in ihre Zimmer gegangen waren, sagte ich zu ihm: „Schatz, du bist so still. Möchtest du über irgendetwas mit mir reden?“

Er antwortete: „Nein, ich glaube nicht.“ Wenn ein Mann so antwortet, dann ist das ein deutlicher Hinweis, dass etwas nicht in Ordnung ist. Ich drängte ihn nicht, sondern sagte ihm nur, dass ich ihm zuhören würde, wenn es so weit wäre.

Wir redeten noch über ein paar andere Dinge, doch nach ein paar Minuten lenkte er das Gespräch wieder auf das erste Thema. Er erzählte mir von einer Sache, die vor Kurzem vorgefallen war und ihn sehr bedrückte. Er war so verzweifelt, wie ich ihn noch nie vorher gesehen hatte. Wir beleuchteten die Sache von mehreren Seiten und überlegten, wie er damit am besten umgehen könnte. Nach unserem Gespräch schien es ihm besser zu gehen. Doch ich weiß nicht, ob er es von sich aus angesprochen hätte.

Männer wollen ihre Frauen immer gerne vor Sorgen und Problemen schützen und reden deshalb nicht so bereitwillig über diese Themen mit ihnen. Doch oft ermutigt es einen Mann zum Reden, wenn seine Frau sein Schweigen oder andere deutliche Hinweise seiner Sorgen wahrnimmt und anspricht. Bestehen Sie nicht darauf, dass er mit Ihnen über das Problem spricht, selbst wenn Sie merken, dass etwas nicht in Ordnung ist oder er angedeutet hat, dass etwas nicht stimmt. Wenn Sie darauf bestehen, zieht er sich nur noch mehr zurück. Er wird mit Ihnen reden, sobald er dazu bereit ist. Sie müssen ihm nur immer wieder zeigen, dass Sie für ihn da sind, wenn er Sie braucht.

Mein Mann und ich sind zusammen durch seinen Sturm gegangen. Ein paar Wochen später hat er zu mir gesagt, dass uns der Sturm näher zusammengebracht habe. Das sei der einzige Silberstreifen am Horizont in seiner Situation, wenn es überhaupt einen gäbe. Ich war so dankbar für das, was trotz der schwierigen Situation entstanden war. Vor allem deshalb, weil ich mich noch so gut an die vergangenen Jahre erinnern konnte, in denen ich auf die Stille und die Zurückgezogenheit meines Mannes nur wenig oder überhaupt nicht reagiert hatte.

Wenn Sie den Eindruck haben, Ihr Mann ist zurückgezogener als sonst, dann zeigen Sie ihm, dass Sie ihn lieb haben, und fragen Sie ihn, ob er mit Ihnen darüber reden möchte. Drängen Sie ihn nicht mit Ihren Fragen, lassen Sie ihn nur wissen, dass Sie für ihn da sind.

Auch hier ist es wichtig, dass Sie Ihren Mann genau beobachten. Nur so finden Sie heraus, was ihm in seinen stürmischen Zeiten wirklich hilft. Manche Männer wollen einfach nur in Ruhe gelassen werden. Andere suchen die Nähe zu ihrer Frau.

Oft ist es das wortlose „Ich liebe dich“, das ein Mann am deutlichsten hört. Das ist für viele Frauen schwer zu verstehen, weil unsere Art, Liebe zu zeigen, so viel mit Worten zu tun hat. Jedes Mal, wenn wir einer Freundin erzählen, dass wir traurig und verletzt sind, nimmt sie uns in den Arm und sagt: „Es tut mir so leid, dass dir das passiert ist. Erzähl mir, was los ist. Vielleicht finden wir dann einen Weg, wie du damit umgehen kannst." Egal, ob das Problem hinterher gelöst wird oder nicht, allein das Reden an sich scheint schon zu helfen.

Ihr Ehemann ist aber wahrscheinlich nicht so. Sein Energielevel ist auf einem Rekordtief – erwarten Sie nicht, dass er das letzte Quäntchen Energie, das er noch hat, für ein Gespräch mit Ihnen einsetzt. Wenn Ihr Mann mit Ihnen reden will, dann wird er das tun.

Was kann man tun, wenn der Mann sich zurückzieht? Wir haben ein paar Vorschläge:

1. Achten Sie auf Ihre Worte. Werfen Sie ihm seinen Rückzug nicht vor.
2. Bitten Sie ihn nicht ständig darum, mit Ihnen zu reden.
3. Geben Sie ihm Raum – einen Ort mit viel warmer Atmosphäre. So oft zeigen Frauen ihren Männern die kalte Schulter, wenn diese sich zurückziehen. Das ist das Letzte, was sie in ihrer Situation brauchen.
4. Machen Sie ihm keine Lösungsvorschläge, es sei denn, er bittet Sie darum. Selbst wenn Sie glauben, die perfekte Lösung gefunden zu haben, warten Sie, bis er Sie fragt.
5. Lassen Sie sich durch seine Stimmung und seine Situation nicht frustrieren oder deprimieren.
6. Machen Sie sich nicht die ganze Zeit Gedanken um ihn.
7. Versuchen Sie, dass Problem nüchtern und sachlich zu sehen. Dadurch können Sie vermeiden, dass alles von dem Problem bestimmt wird.
8. Seien Sie für ihn da.
9. Zeigen Sie ihm immer wieder, dass Sie an ihn denken: durch einen besonderen Abschied am Morgen, ein leckeres Essen, eine Kuschelzeit oder einen besonderen Ausflug an seinen Lieblingsort.
10. Beten Sie für ihn.

Die Stürme des Lebens können ein Ehepaar einander näherbringen. Doch man braucht viel Liebe und Verständnis und die Bereitschaft, immer wieder zu vergeben.

Wenn die Sturmwolken aufziehen, dann seien Sie bereit.

69. Auf die andere Seite kommen

Männer ziehen es vor, in Ruhe gelassen zu werden, wenn sie vom Sturm getroffen werden. Deshalb unterstützen sie uns auch oft nicht so, wie wir es brauchen, wenn wir einmal in einen Sturm geraten. Sie haben meist gar keine Ahnung, was wir brauchen und uns wünschen, und so tun sie einfach das, was ihnen guttun würde.

Erwarten Sie nicht, dass Ihr Mann immer wieder versucht, in Ihre Wagenburg einzudringen. Das ist einfach nicht Teil seines Wesens. Vielleicht ist er sogar noch nicht einmal in Ihrer Nähe. Vielleicht spielt er gerade Tennis oder ist im Kino. Er nimmt nämlich an, dass Sie jetzt sicher gern ein bisschen Zeit für sich haben wollen, um über die ganze Situation nachzudenken. Er gibt Ihnen das, was er sich in dieser Situation wünschen würde.

Eine gute Freundin hat vor Kurzem ihre Mutter verloren. Die Wochen vergingen, und ihre Trauer wurde nicht leichter. Eines Tages sagte ihr Mann: „Was ist eigentlich mit dir los? Du bist immer so traurig. Früher warst du so fröhlich."

Da brach sie in Tränen aus. Zwischen ihren Schluchzern erzählte sie ihm, wie schrecklich sie ihre Mutter vermisste und wie schwer es ihr fiel, mit dem Verlust umzugehen. Ihr Mann war total schockiert. Sprachlos. Völlig vor den Kopf gestoßen. Er hatte gar keine Ahnung gehabt, dass ihre Distanz und Traurigkeit etwas mit dem Tod ihrer Mutter zu tun gehabt hatte. Schließlich war sie schon letzten Winter gestorben, und jetzt war Hochsommer.

Männer reagieren ganz anders als wir. Ihre Trauerzeit ist kürzer, und sie können sich auch eher von traurigen Situationen lösen. Wenn sie sich einmal mit ihrer Trauer auseinandergesetzt haben, dann können sie viel schneller zu ihrem normalen Leben zurückkehren. Die Trauer kommt und geht nicht immer wieder und beschäftigt sie nicht über einen langen Zeitraum so tief und umfassend, wie das bei Frauen oft der Fall ist. Sicher denken sie noch oft an den lieben Menschen, den sie verloren haben, doch die Erinnerung bringt keine Flut an Erlebnissen und Gefühlen mit sich, die sie überwältigen. Männer trauern und wenden sich dann dem Leben wieder zu. Frauen dagegen neigen dazu, die Trauer zu einem Teil ihres Lebens zu machen, obwohl der Verlust vielleicht schon lange zurückliegt.

Bestrafen Sie Ihren Mann nicht dafür, nur weil er anders trauert als Sie oder Sie in Ihrer Trauer nicht versteht. Es ist ein großer Schritt hin zu einer guten Kommunikation in einer Ehe, wenn Sie aufhören, Ihre Reaktionen als „richtig" und seine als „falsch" zu beurteilen. Wenn Sie trauern, dann sagen Sie Ihrem Mann genau, was Sie brauchen, selbst wenn es für Sie offensichtlich ist:

- „Halt mich bitte ganz fest. Rede nicht mit mir und frag mich nichts. Halte mich einfach nur fest."
- „Ich bin so traurig und habe solche Angst. Bitte nimm mich in den Arm und sag mir, dass alles gut wird."

Wenn Ihr Mann das für Sie tut, dann lassen Sie ihn wissen, wie dankbar Sie sind. Das ist eine große Ermutigung für ihn, und es wird ihn freuen. Er will Ihnen ja gerne etwas Gutes tun, besonders wenn es Ihnen schlecht geht und Sie so deprimiert sind. Doch oft kennt er Ihre Bedürfnisse gar nicht und weiß auch nicht, wie er sie erfüllen kann.

> Wenn Sie trauern oder deprimiert sind, dann erwarten Sie keine Schokoladenkekse oder tiefen Gespräche, es sei denn, Sie bitten Ihren Mann darum. Und selbst dann sollten Sie daran denken, dass manche Bitten anders gehört werden, als sie gemeint sind.

70. Machen Sie ihn nicht zu Ihrem „Projekt"

Kein Mann mag es, von seiner Frau zu einem „Projekt" gemacht zu werden, selbst wenn sie es noch so gut meint. Dabei ist es egal, ob Sie seine Essgewohnheiten, seinen Kleidungsstil, Erziehungsmethoden oder seine Art, den Rasen zu mähen, verändern wollen.

Wenn Sie Ihren Mann zu Ihrem Projekt machen, sagen Sie ihm

damit indirekt, dass er so, wie er ist, nicht gut genug ist. Er fühlt sich bemuttert, kontrolliert und herabgesetzt.

Ich (Connie) weiß noch genau, wie ich das mit meinem Mann gemacht habe. Ich wollte sein Verhalten in sozialen Situationen verändern. Er ist ein eher introvertierter Mensch, während ich extrovertiert bin. Dadurch geht er auf Unbekannte anders zu als ich.

Ich war der Meinung, dass er das mit meiner Hilfe ändern sollte. Natürlich habe ich nicht gefragt, ob er meine Hilfe wollte oder ob er sich überhaupt an diesem Punkt verändern wollte. Trotzdem fing ich sofort an, ihm immer wieder Hilfestellung dabei zu geben, wie er sich neuen Leuten gegenüber verhalten sollte.

Er brauchte nicht lange, um herauszufinden, was ich vorhatte. So bat er mich dann eines Abends auf dem Weg von einer Party nach Hause, damit aufzuhören – wo ich doch gerade mitten in einem Vortrag mit lauter hilfreichen Tipps war. Ich war sehr enttäuscht, denn ich hatte noch so viel zu sagen. Seit diesem Abend habe ich ihn damit in Ruhe gelassen, und er kommt prima ohne mich klar. Letztlich hat er nur eingefordert, er selbst sein zu dürfen. Auf diese Weise können wir viel besser miteinander umgehen, und jeder kann die Stärken des anderen genießen, ohne auf die vermeintlichen Schwächen zu schielen.

> Wenn Sie ein Projekt möchten, dann fangen Sie an zu stricken.

71. Erwarten Sie nicht, dass er all Ihren Bedürfnissen gerecht wird

Frauen erwarten oft, dass ihre Männer den Großteil ihrer Bedürfnisse erfüllen. Doch das Problem ist, dass Frauen häufig zu hohe Erwartungen haben.

Ich (Connie) hatte das große Glück, in einem liebevollen Elternhaus aufzuwachsen. Doch ich kann mich nicht erinnern, dass mein Vater ständig mit meiner Mutter redete. Wir wohnten auf einer Farm, und neben der Arbeit auf dem Feld und im Stall arbeitete mein Vater noch hauptberuflich als Feuerwehrmann auf einer nahe gelegenen Militärbasis. Er war ein vielbeschäftigter, fleißiger Mann. Wenn alle Arbeit getan war, spielte er in unserem Vorgarten oft Softball mit meinen Schwestern und mir, bis es zu dunkel wurde und wir nichts mehr sehen konnten. Meine Mutter feuerte uns von den Stufen der Veranda aus an. Das sind immer noch meine liebsten Kindheitserinnerungen.

Wenn ich zurückschaue, dann sehe ich, wie weise meine Mutter war. Sie erwartete nicht, dass mein Vater alle ihre emotionalen Bedürfnisse stillte. Sie pflegte viele Freundschaften mit Frauen aus der Gemeinde, Familie und Nachbarschaft. Der Großteil ihres Redebedürfnisses wurde durch diese Menschen gestillt und lastete damit nicht auf den Schultern meines Vaters. Er war nicht der Einzige, mit dem sie ihre Gedanken und ihre Sorgen teilte, deshalb musste er auch am Ende des Tages kein langes Gespräch mit ihr führen, damit ihr Redebedürfnis gestillt wurde.

Natürlich redeten sie miteinander, aber meine Mutter drängte ihn nie dazu, mehr zu reden, als er wollte. Als die Jahre vergingen, merkte sie, wie er immer gesprächiger wurde. Die finanzielle und emotionale Belastung wurde weniger, da die Kinder langsam das Elternhaus verließen. Das solide Fundament, das sie über die Jahre gebaut hatten, wurde fester.

Vor ein paar Monaten habe ich sie besucht. Als ich eines Morgens aus der Dusche kam, hörte ich meine Mutter fröhlich lachen. Ich dachte mir, dass sie wohl gerade mit einer Freundin am Telefon redete. Ein paar Minuten später merkte ich aber, dass mein Vater ihr eine witzige Geschichte erzählte, die er am Vortag erlebt hatte. Sie war ein warmer, bereitwilliger Zuhörer. Das ist etwas Besonderes, wenn man seine Eltern nach fünfzig Ehejahren noch so miteinander lachen hören kann.

Studien belegen immer wieder, dass die Ehen von Frauen, die wenigstens eine gute Freundin haben, solide und stark sind. Warum? Weil dadurch ein ungeheurer Druck von den Schultern des Ehemanns genommen wird. Außerdem tut es einer Frau gut, wenn sie sich mit anderen austauschen kann.

Wenn Sie sich einsam fühlen und keine guten Freunde haben, dann überlegen Sie sich einen ersten Schritt in diese Richtung. Jemand hat einmal gesagt, dass man nur dann einen guten Freund bekommen kann, wenn man selbst einer wird. Übernehmen Sie die Initiative und verabreden Sie sich zum Frühstück oder zum Spazierengehen. Helfen Sie bei wohltätigen Basaren oder in der Bücherei aus. Melden Sie sich für einen interessanten Kurs bei der Volkshochschule an. Bringen Sie sich ein. Wenn Sie noch kleine Kinder haben, dann verabreden Sie sich mit einer anderen Mutter, die in der gleichen Situation ist. Verabreden Sie sich für einen bestimmten Termin in der Woche und unternehmen Sie etwas zusammen. Vielleicht merken Sie, wie Sie durch diese Begegnungen neue Energie bekommen. Das tut Ihrer Beziehung zu Ihrem Mann sicher gut, und Ihr Mann merkt bald, dass eine große Last von seinen Schultern genommen ist.

> Eine gute Freundin ist Balsam für das Herz, und auch für die Ehe.

72. Lachen Sie!

Ein wichtiger Bestandteil einer glücklichen Ehe ist das Lachen. In der Beziehung zwischen Mann und Frau entwickelt sich eine besondere Nähe und Verbundenheit, wenn man zusammen lachen und Spaß haben kann. Da gibt es bedeutungsvolle Blicke und für andere unverständliche Witze statt verbaler Messerstiche. Es wird viel gelächelt, und Fröhlichkeit ist der Normalzustand.

Eine Frau, die das Leben mit Humor nimmt, kann wie Medizin für ihren Mann sein. Humor kann man entwickeln, denn er trägt viel zur Gesundheit bei.

Lachen hat viele Vorteile.

- Es stimuliert das Immunsystem.
- Es aktiviert verschiedene Teile des Gehirns und nicht nur einen speziellen Bereich. Es ist ein gutes Training fürs Herz. Es ver-

stärkt die Herzaktivität und regt die Durchblutung an. Nach einem herzhaften Lachanfall entspannt sich das Herz-Kreislauf-System.
- Es reduziert Stress.
- Es stabilisiert Stimmungsschwankungen.
- Es entspannt das Gehirn.
- Es unterstützt die Kommunikation.

Das Leben ist voller Probleme, Kämpfe und Abgründe. Wenn man es aber genau betrachtet, dann sind gerade das auch die großen Herausforderungen, an denen wir wachsen und lernen können. Wir müssen nicht durchs Leben gehen und unwichtige Kleinigkeiten zum Auslöser für heiße und fruchtlose Diskussionen machen. Eine witzige Bemerkung kann oft die Spannung aus schwierigen Situationen vertreiben und den Frieden wiederherstellen, weil man plötzlich merkt, wie unwichtig der Auslöser eigentlich ist.

Wie viel Streit und Unfriede könnten vermieden werden, wenn wir nicht sofort mit Worten zurückschlagen würden, sondern lernen könnten, erst einmal nachzudenken. Unsere Worte drücken das aus, was wir denken. Hören Sie sich einmal selbst zu, und entscheiden Sie dann, ob es Ihnen gefällt.

Wirklich schwierig wird es dann, wenn unser Ehemann etwas über uns persönlich sagt. Es ist sehr hilfreich, wenn wir gerade in diesem Bereich Sinn für Humor entwickeln.

Hier sind ein paar praktische Tipps, wie das Lachen bei Ihnen zu Hause wieder einziehen kann:

- Reden Sie Ihren Mann ab und zu mit einem Kosenamen an, vielleicht einem witzigen oder ausgedachten. Als mein (Connies) Mann unseren Zwillingen eines Abends bei ihren Physikhausaufgaben half, habe ich ihn für den Rest des Abends Albert (Einstein) genannt.
- Seien Sie zärtlich. Uns scheint, dass häufiges Lachen eine der positiven Nebenwirkungen von Zärtlichkeit ist.
- Erzählen Sie einen verrückten Witz, und lachen Sie über seine Witze. Mein (Connies) Mann lacht gerne über meine Witze, obwohl sie oft sehr einfach und schnell zu durchschauen sind.

Er lacht auch nicht unbedingt deshalb, weil die Witze so gut sind, sondern weil er weiß, dass ich mich über sein Lachen freue. Wenn die Atmosphäre zu Hause angespannt ist, frage ich ihn oft, ob er meinen Witz über die ungeduldige Kuh hören möchte. Diese besagte Kuh hat schon viele dunkle Wolken vertrieben und den häuslichen Frieden wiederhergestellt.

- Pflegen Sie Freundschaften mit den Menschen, die selbst gerne lachen, denn lachen ist ansteckend.
- Schauen Sie ihm in die Augen, wenn er Ihnen etwas Witziges erzählt. Vielleicht mag er es ja auch, wenn Sie dabei seine Hand halten oder ihn berühren.
- Selbst wenn er immer wieder den gleichen Witz erzählt, lachen Sie darüber. Es bedeutet etwas für einen Mann, wenn seine Frau mit ihm lacht, statt ihre Augen zu verdrehen und vielsagend zu seufzen. Ich (Connie) hatte eine Tante, die oft lächelnd die Hand ihres Mannes nahm, wenn er einen Witz erzählte. Sie tat das auch zu anderen Gelegenheiten – sie berührte ihn einfach gern. Er dagegen war – vorsichtig ausgedrückt – eher schroff und zurückhaltend und hat das bei ihr nie gemacht. Doch das war ihr nicht so wichtig. Sie war klug genug zu wissen, dass es Zeitverschwendung ist, auf bestimmte Dinge oder Veränderungen zu warten, bevor man selbst etwas tut.
- Lachen Sie nicht über Ihren Mann – lachen Sie mit ihm. Das ist ein großer Unterschied.
- Überlegen Sie sich ein paar Sachen, die Ihrem Mann Spaß machen. Und dann tun Sie das so oft es geht gemeinsam – verschieben Sie es nicht auf morgen.
- Versuchen Sie, Ihr Leben und Ihre Situation immer wieder aus der richtigen Perspektive zu betrachten. Oft hilft das schon, um Frust oder negative Stimmungen zu vertreiben und wieder zu lachen.
- Lachen Sie so oft es geht. Immer wieder.

Überlegen Sie sich, was Ihnen hilft und guttut. Manche Männer mögen keine Witze, aber sie mögen andere Dinge, die Spaß machen. Beobachten Sie sich und Ihren Mann und finden Sie Ihren eigenen fröhlichen Weg. Lachen verbindet – Ehepartner, Freunde und manchmal sogar Fremde. Gemeinsames Lachen tut nicht nur Ihnen gut, sondern auch den Menschen um Sie herum.

Lachen ist das Ausrufungszeichen Ihres Lebens!

73. Demut? Sie wollen mich wohl auf den Arm nehmen?

Das bringt uns zu einem anderen Punkt, der in einer Ehe nur selten eine Rolle spielt: Demut.

Ein demütiger Mensch verzichtet auf das Recht, recht zu haben. Und das ist ganz schön schwer. Besonders in einer Ehe. Wo man ja eigentlich immer recht hat, oder?

Demut kann nicht nur Ihre Ehe, sondern Ihr ganzes Leben verändern. Dadurch können Türen geöffnet werden, die Sie vorher gar nicht gesehen haben. Viele Dinge können sich verändern, die Ihnen vorher so unveränderlich vorkamen. Und Demut macht das Herz weicher.

Außerdem kann Demut fast jede Situation entschärfen. Einmal habe ich (Connie) meinem Mann eine einfache Frage über irgendetwas gestellt. Er war sehr müde und hat mir eine eher schroffe Antwort gegeben.

Wissen Sie, was ich am liebsten getan hätte? Ich wollte ihm das heimzahlen. Und das habe ich auch getan. Kaum war die scharfe Antwort ausgesprochen, bekam er einen Telefonanruf, der ihn eine ganze Weile beschäftigte. In der Zwischenzeit war ich schlafen gegangen. Normalerweise bemühen wir uns darum, einen Streit noch am selben Tag zu klären oder uns wenigstens noch einmal darüber zu unterhalten. Das hätte ich an diesem Tag auch gerne getan, aber der Anruf dauerte einfach zu lang und meine Augenlider wurden immer schwerer.

Am nächsten Morgen hatte ich einige Zeit für mich, in der ich beten und nachdenken konnte. Es dauerte nicht lange, bis ich merkte, wie dumm ich mich am vorigen Abend benommen hatte. Sobald er aufgewacht war, ging ich zu meinem Mann, nahm ihn in den Arm und sagte: „Liebling, es tut mir leid, dass ich gestern Abend so zurückgeschossen habe."

„Das ist in Ordnung", antwortete er. „Ich vergebe dir."

Eigentlich hatte ich erwartet, dass meine Entschuldigung ihn dazu bringen würde, sich auch zu entschuldigen. Schließlich war er der Erste gewesen, der so gereizt reagiert hatte.

Aber das ist nicht passiert. Er akzeptierte meine Entschuldigung und startete in seinen Tag.

Wissen Sie, was ich dann getan habe? Ich habe meinen Tag in Angriff genommen – ohne aufgewühlte Gefühle.

Das ist eine Riesenveränderung für mich. In früheren Jahren hätte ich das ganze Gespräch noch einmal aufgewärmt und ihn daran erinnert, wer genau was gesagt hat und wann. Aber eigentlich ist es egal. Denn die Beziehung mit meinem Mann ist mir wichtig und nicht, ob ich immer recht habe. Außerdem – und das ist vielleicht noch wichtiger – werden wir Jesus ähnlicher, wenn wir demütig sind und auf unser vermeintliches Recht verzichten, immer recht haben zu müssen.

Demut ist ein riesengroßer Schritt aus dem Eheverlies und bringt eine neue Freiheit. Oft ist es der Funke, der die Kommunikation wieder zum Aufflammen bringt. Menschen, die das gelernt haben, hat man gerne um sich.

> Demut kann man lernen. Sie bringt eine Schönheit, die von innen kommt.

74. Lernen Sie zu dienen

Warum beeindruckt es uns, wie Mutter Teresa sich um die armen, kranken und hilflosen Menschen in Kalkutta gekümmert hat? Warum bewundern wir Missionare, Ärzte, Krankenschwestern und viele andere, die in arme, oft kriegsgebeutelte Länder gehen, um den Menschen dort zu dienen? Warum geht uns das Herz auf, wenn wir im Fernsehen oder in der Zeitung sehen, dass Tiere und Menschen aus überfluteten Gegenden gerettet werden?

Warum aber verdrehen wir die Augen, wenn wir von einer Frau hören, die ihrem Mann einen Kaffee ans Bett bringt? Sind die großen Dinge wichtiger als die kleinen? Kleine Gesten öffnen häufig die Tür zu tiefen Gesprächen und großer Nähe. Mark Twain hat einmal gesagt, dass Freundlichkeit die Sprache ist, die die Tauben hören können und die Blinden sehen.

Es ist fast schon politisch inkorrekt, den eigenen Ehemann mit kleinen Nettigkeiten zu bedienen. Es ist in Ordnung, seine Kinder oder Freunde oder Bekannte zu verwöhnen, aber nicht den eigenen Ehemann. Warum ist das aus der Mode gekommen?

Wir kennen eine Frau, die einen längeren Besuch bei ihrer Schwester geplant hatte, um sich dort ein bisschen zu erholen. Kurz bevor sie losfahren wollte, geriet das Geschäft ihres Mannes in Schwierigkeiten. Er war so am Boden zerstört, dass er keine Idee hatte, was er jetzt tun sollte. Sie sagte den Besuch ab, hörte ihm lange zu und war für ihn da. Zusammen suchten sie dann nach einer Lösung für das Problem. Sie unterstützte ihn in allem. Er war dafür so dankbar, dass er sogar ihren Vater anrief, um ihm für seine Tochter zu danken. Zu diesem Zeitpunkt waren sie schon fünfundzwanzig Jahre verheiratet. Durch diese schwere Zeit, die sie gemeinsam durchgestanden haben, wurde seine Liebe zu ihr noch tiefer, und sie spürte das auch. Ihr Mann vertraute ihr und freute sich an ihr. Er redet anderen gegenüber gerne von seiner tollen Frau. Vor einiger Zeit hat er mich (Nancy) angerufen, um mir zu sagen, wie glücklich er mit ihr ist. Ich konnte ihm voll und ganz zustimmen. Seine Frau ist meine Schwester, und ich habe viel von ihr gelernt.

Wenn wir anderen dienen, dann gibt es keine Garantie, dass sie uns auch dienen. Und allzu oft passiert das nicht. Wir können nur für uns selbst die Wahl treffen, ob wir dienen wollen.

Das geht aber doch völlig gegen alles, was wir sonst um uns sehen, oder? Unsere postmoderne Welt denkt zwar gerne gegen den Strom, aber nicht so. Wer um alles in der Welt wäre gerne ein Diener?

Jesus hat seinen Jüngern ein Beispiel gegeben, indem er ihnen gedient hat. Er hat die Arbeit eines Sklaven verrichtet und ihnen die Füße gewaschen. Dann hat er seinen Jüngern gesagt, dass sie dasselbe tun sollen. Wir sollen einander dienen und uns untereinander lieben, denn wir gehören zu ihm. Unser Ziel ist es, Jesus ähnlicher zu werden, und das werden wir, wenn wir bereit sind zu dienen.

Außerdem kann es sein, dass sich die Beziehung zu Ihrem Mann durch Ihre Freundlichkeit langsam verändert, ob er Sie in Ihren Augen nun verdient hat oder nicht. Vielleicht fängt er wieder an, mit Ihnen zu reden. Aber was ist, wenn nicht? Dann versuchen Sie, trotzdem weiterzumachen. Manchmal braucht es seine Zeit. Selbst wenn auf die Dauer nichts passiert, werden Sie merken, wie Sie sich selbst verändern. Gott hat Ihr Leben in der Hand und kennt Sie genau. Alles, was Sie tun, weiß er. Deshalb bleiben Ihr Handeln, Ihr Wachstum und Ihre Veränderung auch nicht unbemerkt, denn er sieht Sie!

Das Dienen kann Ihr Herz verändern – und auch Ihr Umfeld.

Nachwort

Fangen Sie heute damit an, Ihren Mann so anzunehmen und zu lieben, wie er ist. Warten Sie nicht darauf, dass er sich verändert und so denkt und handelt wie Sie, dass er erst all die vielen Hürden überspringt, die Sie ihm aufgestellt haben, bevor Sie ihn für akzeptabel halten.

Werden Sie eine Frau, die liebt, und nicht eine, die wartet! Um das zu tun, müssen Sie nur den ersten Schritt tun. Und dann weitergehen. Und weiter und immer weiter.

Oft kommen Sie dabei an die Grenzen Ihrer Kraft. Dann bitten Sie Gott um neue Kraft und Weisheit für den nächsten Schritt. Er steht Ihnen zur Seite.

Vielleicht redet Ihr Mann nie so mit Ihnen, wie Sie sich das immer gewünscht haben. Trotzdem wird sich viel verändern, weil Sie sich verändern, wenn Sie Ihren Teil tun. Wir leben auf dieser Welt in Beziehungen. So sind wir geschaffen. Die engste Beziehung, die wir hier eingehen können, ist die Ehe. Auch Jesus hat in dieser Welt in Beziehungen gelebt und uns gesagt, dass wir unsere Kraft in diese Beziehungen stecken sollen. Gott sieht uns in den kleinen Schritten, die wir tun, in den Ängsten, die gerade in engen Beziehungen aufkommen, und gibt uns durch diese Beziehungen die Möglichkeit heil zu werden, zu wachsen und Vertrauen zu lernen. Unser Gebet ist es, dass Sie Ihr Leben und Ihre Beziehungen mit ihm an Ihrer Seite leben.

Vielen Dank, dass Sie dieses Buch gelesen haben. Wir hoffen, dass es zu einer besseren und erfüllenderen Kommunikation in Ihrer Ehe beiträgt, und wünschen Ihnen Freude, Glück und viele tiefe, warme Gespräche in Ihrer Ehe.

Ein weiterer Ratgeber von FRANCKE

Pam Vredevelt
Loslassen und leben
In der Abhängigkeit von Gott Kraft empfangen
ISBN 978-3-86827-042-6
256 Seiten, Paperback

Ist es Ihr tiefster Wunsch, alles von Gott zu erwarten? Fällt es Ihnen schwer, die Kontrolle über Ihr Leben abzugeben? Erwischen Sie sich immer wieder dabei, an Vergangenem festzuhalten? Ganz gleich, in welcher Situation Sie stecken, es gibt Wege, Ihren Schmerz, Ihren Kummer und Ihren Unmut loszuwerden. Mit vielen Beispielen aus ihrer Therapiepraxis hilft uns Pam Vredevelt, erste Schritte in Richtung Hoffnung und Frieden zu gehen. Sie zeigt Wege zu einem Leben auf, das sich voller Vertrauen zu Gott ganz von ihm abhängig macht.